슬기로운 영어공부

슬기로운 영어 공부

ⓒ 루나 티처 2022

초판 1쇄   2022년 3월 18일

지은이   루나 티처

출판책임   박성규   펴낸이   이정원
편집주간   선우미정   펴낸곳   도서출판 들녘
디자인진행 김정호   등록일자   1987년 12월 12일
편집   이동하·이수연·김혜민 등록번호   10-156
마케팅   전병우   주소   경기도 파주시 회동길 198
경영지원   김은주·나수정   전화   031-955-7374 (대표)
제작관리   구법모   031-955-7376 (편집)
물류관리   엄철용   팩스   031-955-7393
                              이메일   dulnyouk@dulnyouk.co.kr
                              홈페이지   www.dulnyouk.co.kr

ISBN   979-11-5925-717-9(43740)

인문
교양
038

학교에서
배울 수 없는
영어와 만나라!

슬기로운
영어공부

루나 티처 지음

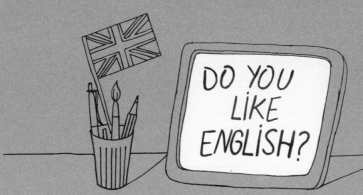

DO YOU
LiKE
ENGLiSH?

푸른들녘

저는 대한민국의 영어 교사입니다.

고등학교에서 학생들에게 영어를 가르치고 있습니다.

최근에는 주로 고등학교 3학년 학생들을 가르쳤습니다. 입시의 최전선에 함께 서서, 어여쁜 제자들이 대학수학능력시험과 학교 내신에서 좋은 점수를 받을 수 있도록 최선을 다하고 있습니다.

그러나 사실 저는 '입시 영어'를 전공하지는 않았습니다. 대학에서는 심리학과 영어영문학을 전공했습니다. '영어'라는 언어를 이해하기 위해서 영어의 역사, 영어를 발음하는 규칙, 영문법의 원리, 영어로 글을 쓰는 방법 등을 공부하였습니다. 영시와 영미 소설을 읽으면서 가슴 벅찬 감동과 희로애락을 느낄 때도 있었고, 영문학의 거장들이 남긴 걸작과 비평 속에서 삶의 지혜도 배웠습니다.

졸업 후에는 비록 짧은 회사 생활이었지만, 해외 무역과 교류의 현장에서 '영어'가 얼마나 유용하게 쓰이는지 체감할 수 있었습니다. 운 좋게도 멋있고 열정적인 분들과 함께 방송 작가로 일하면서 아주 특별하고 소중한 시간을 보내기도 했습니다. 다시 '영어'를 공부하고자 학교로 돌아간 후에는 세계적 석학들의 영어교육학 이론들을 연구하였습니다. 대학원에서 영어교육학을 전공하면서 영어의 네 가지 영역— 읽기, 쓰기, 말하기, 듣기—을 가르치는 방법을 배웠고 '영어 이해 능력과 말하기 능력 간의 상관연구에 관한 논문을 썼습니다. '영어'와 함께했던 저의 20대는 가끔 꿈에 나오면 깨고 싶지 않을 만큼 행복하고 즐거웠던 시간이었습니다.

그러나 제가 교실에서 마주했던 학생들은 '진짜 영어'의 세계와 '진짜 영어' 공부에 대해서는 알지 못한 채 입시를 위한 영어 공부에만 매진하고 있었습니다. '배움'과 '가르침' 간의 불일치를 알면서도 저는 가르침에 열중할 수밖에 없었습니다. 교사로서의 업무로 인해 때론 가르침에 열중하지 못할 때도 있었습니다.

영어 교육의 진정성에 대한 회의감과 아쉬움에 지쳐갈 무렵, 글을 쓰기 시작했습니다. 비록 짧고 얕을지라도 제 경험과 배움이 '영어'의 이해에 도움이 된다면, 잊기 전에 서둘러 나누고 싶었습니다. 다행히 쉽게 버리지 못하는 성격 덕분에 대학과 대학원에서 공부했던 책과 노트를 다시 펼쳐볼 수 있었습니다.

이 책은 영어의 '기술'을 익히는 데 유용한 책은 아닙니다. '영어'라는 언어의 역사와 소리를 살펴보고, 영어를 사용했던 작가들이 그들만의 '영어'로 남긴 작품들을 소개하면서 진짜 '영어'의 맛과 멋을 알려드리고 싶었습니다. 이 작은 책이 향후 독자분들의 '슬기로운 영어 공부'에 도움이 될 수 있기를 희망합니다. 그리고 부디 머지않은 날에 저의 '배움'과 학생들을 향한 '가르침' 또한 가까워지기를 꿈꾸어봅니다.

2022년 1월의 기나긴 밤 한 허리를 버혀내어,
루나 티처 문진영 씀

차 례

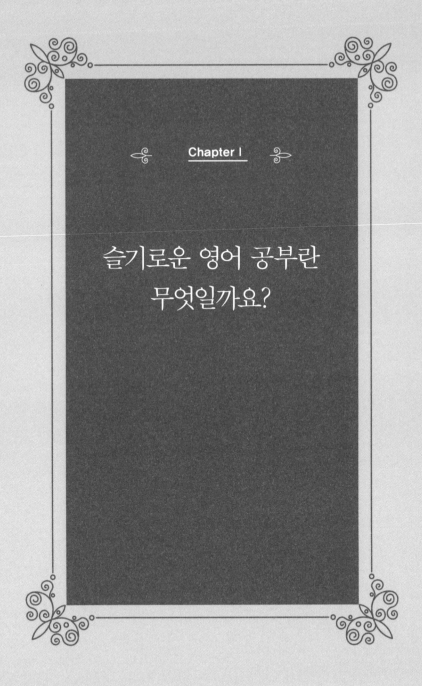

Chapter I

슬기로운 영어 공부란
무엇일까요?

'영어'의 정의란 무엇인가?

Q. '영어'란 무엇일까요?

① 이 시대 사교육의 핵심 영역

② 대학 진학과 취업, 승진의 필수 요소

③ 학교를 졸업한 후에도 끝나지 않는 과목

④ 십 년 이상 공부해도 한결같이 자신 없는 분야

⑤ 인도 유럽어족 게르만 어파의 서게르만 어군에 속한 언어

영어란 무엇일까요? 예상하셨겠지만 위에 제시된 다섯 개의 선택지 중 공식적인 정답은 ⑤번입니다. 사전에서는 영어를 '인도 유럽어족 게르만 어파의 서게르만 어군에 속한 언어'라고 정의하고 있습니다. '미국, 영국, 캐나다, 오스트레일리아 등을 비롯하여 세계 여러 나라에서

사용하는 국제어'라는 내용을 덧붙이기도 합니다.

하지만 나머지 선택지들은 모두 틀렸다고, 절대 정답일 리 없다고 단언할 수 있을까요? 아주 현실적인 학생이 "선생님, 저는 아무리 봐도 ②번이 정답인 것 같습니다."라고 솔직하게 대답했을 때 과연 "아닙니다. 틀렸습니다!"라고 확언할 수 있을까요? 사실, ⑤번이야말로 가장 낯설면서도 마음에 안 들고, 공감도 되지 않는 선택지인데 말입니다. 차라리 ⑤번처럼 그렇게 객관적이고 중립적으로 영어를 정의하고 딱 그만큼만 공부할 수 있다면 참 좋겠다는 생각도 듭니다.

⑤번이 정답이라는 것은 인정하겠지만,
낯설고 비현실적인 느낌을 지울 수가 없습니다.
①~④번이 오답이라는 것도 알고 있지만, 자꾸만 마음이 갑니다.
①번에서 ④번은 왜 '매력적인 오답'으로 느껴지는 걸까요?

도대체 왜 오답이 정답 같고 정답이 오답 같은지 곰곰이 고민하다가 '어쩌면 영어가 우리 사회에서 외국어 이상의 의미를 지니는 것은 아닐까?'라는 생각을 해보았습니다. 적어도 제게 있어서 영어는 수많은 외국어 중 하나라기보다는 '아주 특별하면서도 지나치게 중요한 외국어'로 느껴질 때가 더 많았으니까요.

'아주 특별하면서도 지나치게 중요한' 영어는 현실 속에서 종종 선택과 취향의 영역을 넘어서기도 합니다. 주위를 살펴보면 영어가 어느 나라의 어떤 언어인지 알기도 전에 영어 공부를 시작하는 아이들이 있습니다. 한글 '기역, 니은, 디귿, 리을'은 몰라도 알파벳 'A, B, C, D'는 제법 잘 읽고 쓰기도 합니다. 아이의 첫 번째 교육기관으로 유치원 대신 어학원을 선택하는 과감한 부모님들도 있습니다. 학교에서도 마찬가지입니다. 영어가 좋아서 '외국어로서의 영어'를 선택해서 공부하는 학생들은 그리 많지 않을 것입니다. '해야 하니까, 해야 할 것 같아서, 혹은 부모님이 하라고 하시니까' 영어를 공부하는 학생들이 훨씬 더 많지 않을까요? 우리나라 학생들은 다른 어떤 외국어보다 유독 '영어' 공부에 많은 시간과 비용, 노력을 쏟고 있지만, 이러한 현상이 결코 학생들의 자발적 선택과 취향의 결과는 아니겠지요. "아니, 제가 살면서 이런 영어 단어를 써먹기나 할까요?"라고 투덜거리면서도 미국 토박이조차 무릎을 '탁' 치고 감탄할 만큼 어려운 단어들을 밤낮없이 열심히 외우는 것 또한 학생들이 스스로 선택한 상황은 아닐 것입니다.

이쯤에서 영어 공부가 꽤 '장기적인 레이스'라는 점 또한 주목하고 싶습니다. 한국에서의 영어 공부는 1~2년 취미로, 혹은 재미로 공부하는 분야가 아닙니다. 학교에서 정식으로 영어를 배우기 시작하는 초등학교 3학년 때부터 대학수학능력시험을 볼 때까지, 우리나라 학생들은 10년가량 영어를 공부하게 됩니다. '10년'이라는 학습 기간은 영어가 '아주 특별하면서도 지나치게 중요한 외국어'가 되기에 충분한 시간적 배경이 될 수 있습니다.

일단, 학습 기간이 길어지면 절대적인 학습량이 많아집니다. 처음엔 공부인 줄도 모르고 재미있게 시작했을지라도 어느 순간부터 영어는 꽤 부담스러운 '학습 상대'가 되기 쉽습니다. 학습량이 많으면 학습 공백이 생겨도 메꿀 시간이 여의치 않고, 때론 감당하지 못해서 손쓸 수 없는 상황에 이르기도 합니다.

영어는 장기간 집중적으로 공부하는 과목이다 보니, 성취 수준과 기대 수준이 상당히 높다는 점 또한 문제가 될 수 있습니다. 다른 외국어는 인사말만 제대로 할 줄 알아도 그럴싸하고 잘하는 것처럼 보이지만 영어는 웬만큼 잘해도 도무지 만족스럽지 않습니다. 한 분야에 10년 정도 발을 담그면 전문가가 된다고들 하는데, 영어 공부는 10년을 꼬박해도 늘 막막하고 까마득하게만 느껴집니다. '너도나도 모두 함께 10년 동안 아주 열심히' 공부하는 상황이므로 아무리 애써도 제자리걸음인 것만 같고, 조바심이 들 때도 많습니다. 그러다 학습자 내부의 기대 수준이나 학습자 외부의 요구 수준이 실제 성취 수준을 과도하게 앞서는 상황이 되면 영어를 잘하는 사람도 그렇지 않은 사람도 모두 저마다의 영어 실력이 부족하다고 느낄 것이며, 심리적 불안과 자신감 상실, 스트레스와 무력감 등이 나타날지도 모릅니다. '이미 늦었어, 못하겠어, 영어는 해도 안 될 것 같아'라는 생각에 휩싸일 때마다 극심한 슬럼프를 겪을 수도 있겠지요.

하지만, 영어가 '아주 특별한 외국어', 혹은 '지나치게 중요한 외국어'로 자리매김할 수 있었던 가장 결정적인 이유는 '영어와 시험의 잘못된 만남' 때문이 아닐까요? 영어는 각종 시험에서 아주 인기가 좋습니다. 게다가 영어시험의 종류는 또 왜 그렇게 많은지, 인생의 중요한 순간마다 어김없이 나타나 부담을 팍팍 줍니다. 잊을 만하면 시험 과목이 되어 다시 찾아오는 '영어'를 마냥 외면할 수도 없으니, 영어와의 질긴 인연을 쉽게 끝낼 수도 없는 노릇입니다.

　이 밖에도 영어가 '아주 특별하고 지나치게 중요하지만 달갑지만은 않은 까닭'은 무궁무진합니다. 이유를 하나씩 찾다 보면 영어의 사전적 의미는 낯설다 못해 무책임하다는 생각마저 들지요. 영어를 공부하는 동안 아무도 '영어는 인도 유럽어족 게르만 어파의 서게르만 어군에 속한 언어'라고 알려준 적이 없다는 점 또한 당황스럽습니다. 가장 기본적인 것도 모른 채 그렇게 어려운 단어와 복잡한 문법을 열심히 공부하고 있었다니요.

　정답보다 ①번에서 ④번 오답들이 더 친숙하게 느껴졌던 것은 어쩌면 당연한 일이었는지도 모르겠습니다.

'열정'과 '흥미' 사이

앞서 살펴본 네 개의 오답 선택지에는 공통점이 있습니다. 모두 충분히 공감되고 매력적인 오답이지만, 영어에 대한 부정적인 시선과 경험을 내포하고 있다는 점입니다. '호(好)'가 아니라 '불호(不好)'가 표현된 선택지들이지요.

제가 십 년 이상 고등학교에서 영어를 가르치면서 가장 속상했던 점은 학생들이 영어 공부를 그리 '좋아하지 않는다(不好)'라는 사실이었습니다. 아니, 좋아해도 잘하기가 쉽지 않은데 왜 그렇게들 영어를 싫어할까요? 우리나라 학생들은 학교에서도 학원에서도 이 세상 누구보다 열심히 영어를 공부합니다. 하지만 "영어 좋아해?" 하고 물으면 십중팔구는 고개를 힘차게 저으며 아니라고 대답하지요. 어릴 적에는 영어유치원에서 원어민 선생님과 자유롭게 대화했다는 학생도, 각종 영어 대회와 행사를 휩쓸며 '영어의 신(神)'이라 불리는 학생도, 영어를 '효자 과목'이라 일컫는 학생들마저도 하나같이 영어 공부를 좋아하지 않는다는 점이 놀랍고도 속상했습니다.

"그래도 하다 보면 아주 가끔은 재미있지 않아?"
"솔직히 다른 과목보다는 낫잖아?"
"앞으로도 영어는 계속해야 할 텐데 피할 수 없으면 차라리 즐기는 게 어때?"

그 어떤 유도 질문에도 꿈쩍하지 않고 줄곧 영어가 싫다는 학생들을 매일 만나는 것은 영어 교사로서도 무척 괴로운 일이었습니다. 이렇게도 해보고 저렇게도 해보았지만, 학생들이 영어를 좋아하도록 만드는 일은 쉽지 않았습니다. 마지못해 호응해주는 착하고 힘겨운 눈빛을 마주하다가 교실 문을 나서면 무력감, 자괴감, 죄책감, 부끄러움, 좌절감, 착착함 등등 온갖 복잡미묘한 감정이 밀려왔습니다. 사실, 학생들에게 즐겁지 않은 수업은 교사에게도 즐겁지 않답니다.

학교 교문 밖에서도 자신만의 방식으로 열심히 영어를 배우고 익히는 사람들이 있습니다. 서점에 가보면 평생 봐도 다 못 볼 것 같은 각양각색의 영어 교재들이 화려하게 진열되어 있고, 대한민국 구석구석 영어 학원 하나 없는 동네가 없습니다. 어느 집이든 책장 한구석에는 한

때 마르고 닳도록 열심히 본 까닭에 차마 버리지 못하는 '손때 묻은 영어책'이 한 권쯤은 꽂혀 있기 마련입니다. 지하철 광고판과 TV에서도 각종 영어 콘텐츠 광고들이 눈과 귀를 사로잡습니다. 온라인과 오프라인을 통틀어 전 세계 어디에도 이렇게까지 열정적으로 영어를 공부하는 나라는 없을 것 같습니다.

하지만 이토록 엄청난 열정이 '재미' 혹은 '흥미'와는 전혀 다른 차원이라는 점이 참으로 이상하고 아이러니하면서도 답답했습니다. 열정과 흥미는 당연히 정비례 관계라고 생각했는데, 놀랍게도 영어 공부에서만큼은 그렇지 않았습니다. 설령 비례 관계가 성립할지라도 기울기가 0에 가까울 만큼 완만했습니다.

'영어 열정 부자들'조차 영어가 좋아서 공부하는 것은 아니라는 불편한 진실을 마주하면서 '슬기로운 영어 공부'에 대해 고민하지 않을 수 없었습니다. 재미도 없는데 마지못해 어쩔 수 없이 공부하기에는 '영어'가 가진 매력이 너무 많다는 것을 저는 알고 있었기 때문입니다. 사실, 재미없는 것은 '영어'가 아닙니다. 그동안의 '영어 공부 방법'이 재미없었을 뿐입니다.

영어를 향한 뜨거운 열정이 헛되지 않도록 '영어를 즐기면서도 재미있게 공부하는 방법', 즉 '슬기로운 영어 공부'가 꼭 필요하다는 생각이 들었습니다.

슬기로운 영어 공부의 시작!

"선생님, 죄송하지만 저는 영어가 싫어요. 잘 안 맞는 것 같아요"

자주 듣는 얘기라 그리 놀랍지도 않습니다. 예전에는 '그래, 영어가 뭐가 좋겠어? 나도 싫었어. 세상에는 영어를 좋아하는 사람보다 영어를 싫어하는 사람이 더 많아.'라고 맞장구치고 혼자 괴로워했지만, 고민 끝에 저도 답을 구했기에 요즈음은 이렇게 조언합니다.

"그럴 수 있어. 하지만 영어를 너무 싫어해선 안 돼. 지금 당장 좋아하진 않아도, 영어를 싫어하지는 말자."

별 도움 안 되는 성의 없는 조언 같지만, 사실은 아주 중요한 포인트가 하나 있습니다. '영어를 너무 싫어해선 안 돼'라는 부분입니다. 이것은 제가 학교에서 십 년 이상 학생들을 가르치면서 깨우친 아주 값진 교훈입니다. 영어 실력 향상을 위한 최고의 비결 중 하나는 바로 영어를 싫어하지 않는 것, 그리고 '좋아하려고 노력하는 것'이랍니다. 영어를 좋아하는 학생들은 언젠가 반드시 영어를 잘하게 되니까요.

부모님의 적극적인 의지와 아낌없는 재정적 지원에 힘입어 '싫지만' 마지못해 영어를 공부하는 학생들도 좋은 점수를 받을 수는 있습니다. 하지만 이 학생들의 영어 실력은 특정 수준이나 특정 단계 이상으로 발전하기는 힘듭니다. '열심히 하는 자는 즐기는 자를 이기지 못한다'라는 말이 있지요. 영어 공부에 있어서 이 말은 거의 진리에 가깝습니다. 지금 당장 영어를 좋아하고 즐길 수 없다면 '덜' 싫어하려고 노력하는 것도 꽤 현실적인 절충안일 것입니다.

사실 요즘 같은 평생 학습 시대에는 영어를 공부할 기회가 참 많습니다. 모든 분야가 마찬가지겠지만, 꼭 학교 다닐 때 영어를 공부하지 않아도 됩니다. 영어를 '싫어하지만 않는다면' 나중에 공부할 기회가 올 때 얼마든지 다시 시작할 수 있고, 스스로 기회를 만들 수도 있습니다. 마음만 먹으면 영어를 공부할 수 있는 장소, 책, 선생님, 콘텐츠는 아주 쉽게 찾을 수 있습니다. 좋은 게 너무 많아서 고르기가 힘들 뿐이지요.

단, 여기서 중요한 전제 조건이 있습니다. '영어를 싫어하지 않아야' 한다는 점입니다. 싫어하지만 않으면 언젠가는 영어 공부를 제대로, 지금보다 더 열심히 하는 날이 올 수 있습니다. 그날이 내일일 수도 있고 먼 미래일 수도 있겠지만, 영어에 대한 편견과 싫어하는 마음만 없어도 '슬기로운 영어 생활'은 언제든 가능합니다. 우리는 지금 '평생 교육, 글로벌 세계시민, 인공지능, 메타버스' 등이 주요 키워드이면서 수많은 번역 앱과 영어 콘텐츠가 넘쳐나는 멋진 시대를 살고 있답니다.

그런데 어떻게 하면 영어를 '덜' 싫어할 수 있을까요?

사실 이 고민이 쉽게 해결되지 않아 책 한 권 쓰는 데 민망할 만큼 오랜 시간이 걸렸습니다. 충분히 고민할 수 있도록 오 년이나 기다려주신 〈푸른들녘〉에 다시 한번 감사하다는 말씀 전하고 싶습니다. 그러나 책을 쓰는 것을 떠나, 학교에서 영어를 가르치는 사람으로서도 이 고민만큼은 꼭 해결해야만 했습니다. 영어가 싫다는 학생들 앞에서 혼자 민망하고 의미 없는 수업을 하는 것도 하루 이틀이지요. 어떻게든 학생들에게 "영어가 그렇게 싫지만은 않아요. 재미있네요."라는 말 한마디를 꼭 듣고 싶었습니다.

그리고 조금 더 욕심을 부리자면, 영어 학습자들이 새로운 시각으로 영어를 바라보고 접근할 수 있도록 도와주는 '진짜 영어책'을 쓰고 싶었습니다. 시험 점수나 발음, 문법 지식과 독해력 향상을 위한 영어책이 아니라 '진짜 영어'에 대해 소개할 수 있는 '영어책'이 어른들에게도 아이들에게도 꼭 필요할 것 같았습니다.

영어 학습자들의 행복과 슬기로운 영어 공부를 위하여 이제는 '영어 공부'에도 패러다임의 전환이 필요하지 않을까요?

영어를 '덜' 싫어하는 방법
: 꿈 내려놓기!

저는 한국에서 평범하게 영어를 공부했습니다. 중학교에 다닐 땐 영어 과목을 제일 싫어하기도 했습니다. 저는 교포 출신도 아니고 '이중 언어를 사용하는(bilingual)' 사람도 아닙니다. 잠깐 어학연수를 다녀오긴 했지만, 외국에서 장기간 거주하거나 공부하지는 않았습니다. 하지만 지금은 이렇게 매일 학생들에게 영어를 가르치면서 즐겁게 살고 있습니다. 영어를 공부하는 일이 예전처럼 지겹거나 싫지도 않습니다. 가끔은 영어 공부가 좋을 때도 있습니다. 알면 알수록 깊어지는 느낌이 좋고, 두 가지 언어를 사용하면 두 개의 자아를 갖는 것 같아 재미있을 때도 있습니다. 다른 언어를 사용하다 보면 새로운 각도와 시선으로 생각해볼 기회도 생기므로 뇌가 '말랑말랑'하고 유연해지는 것 같은 기분도 듭니다.

하지만 저도 영어를 '덜' 싫어하기 위하여 그 누구보다 열심히 노력했으며, 운 좋게도 그 방법을 찾았을 뿐입니다.

예전의 제가 영어를 싫어했었던 이유를 생각해본 적이 있습니다. 사실 저는 원어민처럼 유창하게 영어를 말하고 싶어서, 그리고 각종 '영어시험'에서 좋은 점수를 받고 싶어서 영어 공부를 했습니다. 한 마디로 이 두 가지가 저의 주된 학습 목표였습니다. 하지만 결론적으로 이 둘을 학습 목표로 삼은 것은 그리 좋지 않은 선택이었습니다. 늘 힘들고 부담스럽고 버거워서 점점 영어가 싫어졌으니까요. 물론 주위를 돌아보면 원어민보다 어휘력이 뛰어나거나 문법 지식이 풍부한 한국인들도 있습니다. 아주 대단하고 특별한 사람들입니다. 하지만 그렇게 '대단하고 특별한 노력'을 기울이지도 않을 거면서 목표만 '원어민급'으로 설정했다면 힘들고 고된 학습 과정과 변변치 못한 결과는 불 보듯 뻔한 일이었겠지요.

야무진 '꿈'은 학습 목표로서는 바람직하지 않습니다. 완벽한 영어 유창성과 정확성, 원어민 같은 발음, 어학 시험 만점 등은 어쩌면 '목표'가 아니라 '꿈'일지도 모릅니다. 영어를 '덜' 싫어하는 방법에는 여러 가지가 있겠지만, 그 가운데 하나는 바로 원대한 꿈을 내려놓는 것입니다. 본격적으로 '슬기로운 영어 공부'를 시작하기 위해서도 꼭 필요한 일입니다. 큰 꿈을 내려놓고 '플랜 B! 현실적인 목표 세우기'를 하면 영어가 '덜' 싫어질 수도 있습니다.

작지만 실현 가능한 '현실적인 목표들'을 세우고 이를 차근차근 이루어나가다 보면 소소한 성취감이 생길 것입니다. 성취감은 학습의 결과이기도 하지만 학습의 원인이 될 수도 있습니다. 성취감이 학습의 '내적 동기'로 작용하게 되면 아주 자연스럽게 학습을 유도할 수 있답니다. 그리고 성취감과 성장을 느낄 수 있는 상황이 여러 번 반복된다면 학습자는 공부가 재미있다고 생각할 수도 있겠지요. 학습에 대한 흥미는 또 다른 성취와 성장을 이끌 테니, 그야말로 이상적이고 긍정적인 선순환이 이어질 것입니다.

반면 '소망과 포부, 멋진 꿈과 환상의 세계'를 거대한 학습 목표로 설정하였으나 현실적이고 세부적인 목표는 하나도 없다면, 학습자는 쉽게 좌절감을 느끼거나 별것 아닌 일로 갑자기 학습 의욕을 몽땅 잃을지도 모릅니다. 평생 가도 이룰까 말까 할 거대한 목표만 세워놓고 방황하거나 '뜻대로 안 된다, 해도 해도 끝이 없다, 아직 멀었나, 나만 멀었나, 이게 맞나?' 하다 보면 그 어떤 공부도 재미있을 수가 없습니다. 설령 약간의 발전이 있다 하더라도 거대한 꿈에 비하자면 그저 아무것도 아닌 것처럼 느껴지겠지요.

한때 저도 영어에 관한 '꿈'을 많이 꾸었습니다. 여행지에서 만나는 외국인들과 철학과 예술, 환경과 정치 이야기까지 거침없이 논하고 싶었습니다. 미국 발음과 영국 발음에 모두 능숙해서 영국 사람을 만나면 영국 발음으로 말하고, 미국 사람을 만나면 미국 발음으로 말하고 싶었습니다. 눈감으면 아무도 제가 한국인인지 모를 정도로 완벽한 원어민 발음과 악센트도 갖고 싶었습니다. 영어 공부를 하는 사람에게 이 정도 꿈과 로망은 있을 수 있다고 생각합니다. 하지만 '꿈'만 컸기에 마음은 힘이 들었습니다. 원대한 꿈 때문에 필연적으로 겪어야 했던 '현실 직시' 또한 심리적으로는 무척 괴로운 일이었습니다. 차라리 아무것도 모르고 시작조차 하지 않았을 땐 거창한 꿈도 별것 아닌 것 같았고 '나중에 열심히 하면 다 될 거야! 하면 된다!' 하는 지나친 낙관주의 덕분에 마음은 편했는데 말입니다.

'영어를 잘하고 싶다는 꿈'은 좋습니다. 꿈꾸지 않는 것보다 낫습니다. 하지만 영어를 '덜' 싫어하기 위해서는 현실적인 목표도 함께 세워야 합니다. 꿈이 '영원한 꿈'으로 남아선 안 되니까요.

'영어시험' 말고
'영어' 공부를 합시다!

Q. '영어시험'을 잘 보면 '영어'를 잘하는 걸까요?

첫 번째 챕터를 마무리하려다 불현듯 생각해본 질문입니다. 현실에서는 영어를 '시험 과목'으로 배우는 경우가 많습니다. 저 또한 '영어시험'에서 좋은 점수를 받고 싶어서 영어를 공부하던 때가 있었습니다. 그렇다면 영어시험을 잘 보면 영어를 잘하는 걸까요? 영어를 잘하는 사람들은 다 영어시험을 잘 보나요?

어쩌면 '영어' 공부와 '영어시험' 공부는 별개의 일일지도 모릅니다. 영어 원어민들이 모두 수능 영어시험에서 만점을 받지는 않으며, 한국인이라고 해서 국어시험에서 다 만점을 받지도 않으니까요. 일상적인 의사소통에 아무런 문제가 없는 사람도 '시험'에서는 100점을 받지 못할 수도 있습니다. 수능 영어시험에서 100점 만점을 받은 한국 고등학생과 50점을 받은 영어 원어민이 있다고 가정해봅시다. 이 경우 100점을 받은 한국 고등학생이 50점을 받은 원어민보다 더 영어 실력이 출중하다고 결론 내릴 수 있을까요?

'시험 점수'를 영어 학습의 목표로 설정하는 것은 '슬기로운 영어 공부'의 관점으로 보자면 그다지 현명하지 않은 선택일 수도 있습니다. 물론 시험공부가 학습 능력 향상에 도움이 되기도 합니다. 평가는 학습 상황을 점검하는 아주 좋은 방법이자, 그 자체로 효과적인 학습 동기가 되기도 하니까요. 하지만 학교 시험이나 대학수학능력시험, 혹은 토익(TOEIC)과 토플(TOEFL) 시험이 '영어 실력'을 측정하기 위한 절대적인 도구들은 아닙니다. 영어는 '말'입니다. 인간의 언어 사용과 관련된 종합적이고 고차원적인 능력을 어떻게 객관적으로 측정하고 일일이 숫자로 점수화할 수 있겠습니까? '한두 시간, 몇 장짜리 지면 시험'으로는 절대 인간의 영어 사용 능력을 정확하게 측정할 수 없을 것입니다. 결코 정량화할 수 없는 언어적 역량과 이해력, 잠재력, 통찰력, 직관이나 감각, 의사소통 기술들이 분명히 존재할 테니까요.

'영어시험'만을 학습의 목표로 삼거나, 시험 점수를 실력과 동일시하고 매번 일희일비하는 것은 궁극적인 영어 실력 향상에는 그리 도움이 되지 않을 것입니다. 영어를 잘하려면 '영어 시험공부' 말고 '영어 공부'를 해야 합니다. '영어'에 대한 전반적인 지식과 실력을 쌓는 것이 중요합니다. 학교에 다니면서 십 년이나 영어 공부를 했는데 왜 외국인만 보면 자꾸 '얼음'이 되냐고 묻는 사람들이 있습니다. 다양한 원인이 있을 것입니다. 하지만 십 년 동안 열심히 영어 '시험' 공부만 한 것은 아니었는지, 시험공부 말고 진짜 '영어'를 공부했던 날은 과연 며칠이나 되는지도 생각해볼 필요가 있습니다.

혹시 '영어'를 제대로 공부한 적이 없어서 '영어'에 대한 사전적 정의 또한 그렇게 낯설게 느껴졌던 것은 아닐까요? 살면서 영어의 압박감과 부담감은 충분히 느껴왔기에 영어에 대한 '불호(不好)'를 드러내는 오답 선택지에는 쉽게 공감할 수 있었지만, '영어'를 제대로 공부한 적은 없었으므로 '영어'의 사전적 정의는 어렵게만 느껴졌던 것이 아닐까요?

'슬기로운 영어 공부'란 '영어'를 이해하고 '영어'를 공부하는 것입니다. 그리고 열심히 '영어'를 공부하다 보면 영어시험 점수는 그저 덤으로 얻을 수도 있답니다.

그렇다면, '영어'란 무엇일까요?
그리고 '영어' 공부는 어떻게 해야 할까요?

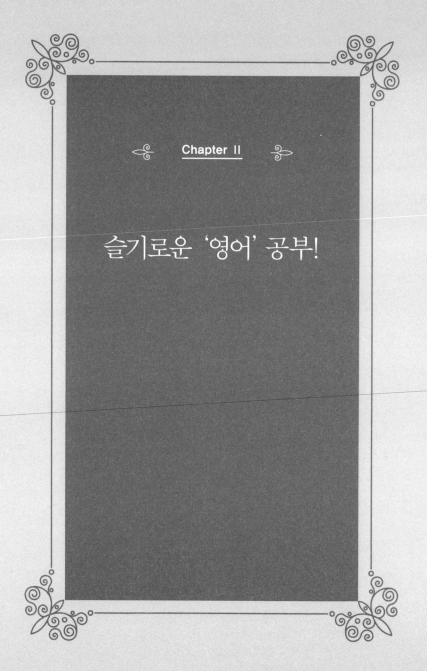

Chapter II

슬기로운 '영어' 공부!

1차시

충격의 '영어영문학 개론'

　어쩌다 보니 영어영문학을 전공하게 되었습니다. 대학만 가면 될 줄 알았는데, 맙소사, 점수에 맞춰서 전공을 선택하면 안 되는 것이었습니다. 어려서부터 영어를 제일 좋아했고, 영어 교과목을 유독 잘해서 영어영문학과에 지원했다는 놀라운 친구들과 함께 '영어'를 공부해야 했습니다. 출발점부터 달랐던 그 친구들이 영어를 '즐길' 때 저는 홀로 뼈를 깎는 '노력'을 쏟아야만 했습니다.

　충격의 '영어영문학 개론' 수업 첫날을 아직도 기억합니다. 십 년을 매일같이 영문법과 독해를 공부하고, 수능 영어시험에서도 제법 좋은 점수를 받았던 제가 정작 '영어'에 대해서는 아무것도 몰랐다는 사실을 처음으로 인지했던 날이었기 때문입니다. 저는 한마디로 '영어'에 대한 배경지식이 없었습니다. 부끄럽게도 '영어는 영국 사람이나 미국 사람이 쓰는 말' 외에는 아는 것이 하나도 없었습니다. 교과서와 문제집으로만 영어를 공부했다는 것이 얼마나 부자연스럽고 비정상적인 일인지도 그때 처음 깨달았습니다. 시험 범위가 아닌 '영어'에는 관심조차 없었던 저의 수동적이고 편협한 학습 태도를 반성했지만 이미 때는 늦었습니다. '영어'가 무엇인지 알고 있는 친구들과 저는 아예 출발점이 달랐으니까요. '시험 점수'는 같을지라도 '영어'를 공부하기 위한 출발점은 완전히 달랐던 것입니다.

'진짜 영어'라는 또 다른 세상이 존재하고 있었습니다. 철저하게 '진짜 영어'로부터 고립되어 오직 학교 영어와 수능 영어에만 최적화되었던 제게 '영시, 영국 문학, 미국 문학, 셰익스피어, 영어 회화, 영어 음성학, 영어 글쓰기, 영미문화, 영미 비평, 영어발달사, 영어 의미론, 화용론' 등은 유체역학이나 분자생물학처럼 그저 새로운 영역일 뿐이었습니다. 영어영문학 개론 수업은 '영어'라는 새로운 영역을 완전히 처음부터 배우는 시간이었습니다. 두려움이 앞섰습니다. 자신감이 바닥을 칠 때도 있었고, 모조리 다 그만두고 싶은 순간도 종종 있었습니다.

하지만 어느덧 저도 모르게 '슬기로운 영어 공부'가 시작되고 있었습니다. 진짜 '영어'를 공부하는 과정에서 비로소 '영어'라는 언어를 이해하게 되었고, 이상하게도 영어 공부가 점점 재미있어졌습니다.

'영어'도 '말'이었어.

'영어'에는 역사가 담겨 있었구나.

'영어'는 사람들의 삶과 사랑, 슬픔과 기쁨을 고스란히 담고 있었어.

'영어'는 … 시험 과목만은 아니었던 거야!

2차시

'영어' 공부로
'영어'에 대한 오해를 풀다?

친구들과 출발점이 달랐던 저는 영어영문학 전공과목에서 재수강을 하는 경우가 많았습니다. 그런데 참 이상했습니다. 재수강을 하면서 보이지 않았던 것들이 보였고, 들리지 않았던 것들이 들리기 시작했습니다. 졸업은 점점 멀어졌지만, 대학 생활만큼은 행복했습니다. 도서관에 앉아 영어 공부를 할 때가 인생에서 가장 행복하고 즐거운 순간이었다면 아무도 믿지 않겠지만, 그런 생각을 한 적이 진짜 몇 번 있었습니다. 지금도 가끔 꿈에 나올 정도로 그립습니다.

시간이 갈수록 점점 '그놈의 영어'가 괜찮아졌습니다. 갑자기 영어를 잘하게 된 것은 아니지만 영어가 죽을 만큼 싫지도 않았습니다. 그냥 괜찮아졌습니다.

'영어' 수업에 참여하기 위해서는 방대한 영어 텍스트들을 매일 읽어야만 했습니다. 교수님마다 이만큼씩 저만큼씩 읽어 오라 하시니 한가롭게 문법과 문장 구조를 따지고 있을 시간은 없었습니다. 번역이나 해석하는 과정 없이 원문 그대로 읽고 이해하는 습관도 생겼습니다. 모르는 단어가 있어도 대강 추측하고 넘어갔고, 정말 궁금해서 못 견딜 땐 사전을 찾아보았습니다. 사전에서는 한글 뜻뿐만 아니라 영영풀이와 예문을 눈여겨보게 되었고, 그렇게 놀다 보면 시간이 훅 지나갔습니다. 앞뒤 맥락 없이 짤막하게 끊어진 교과서 본문들, 오로지 문제를 내고 풀기 위해 존재했던 영어 지문들을 읽을 때와는 또 다른 독해 전략이 생겼습니다. 길지만 흐름이 있는 글, 정말 궁금한 정보를 담고 있는 글, 재미와 감동이 가득한 이야기책을 읽는 것은 그리 괴롭지만은 않았습니다. 영어로 읽고 쓰는 것이 자연스러워졌을 무렵에는 영어로 꿈을 꾸기도 하였습니다.

영어영문학과 교수님들은 영국이나 미국에서 막 비행기를 타고 귀국하신 것만 같았습니다. 아주 젠틀한 '신사 숙녀들'처럼 고어와 시어 하나하나에 영혼을 담아 읽어주시던 교수님들의 목소리를 통해 영어가 '듣기 좋은 언어'라는 것을 처음으로 알게 되었습니다. 혼자 있을 땐 교수님의 멋진 발음과 억양을 흉내 내어보기도 했습니다. 각운(rhyme)을 살리면 마치 랩처럼 느껴지는 영시들을 읽으며 '영어의 소리'에도 마음이 열렸습니다. 영문학에 대한 애정도 생겼습니다. 관심이 생기니

즐길 수 있게 되었고, 즐기다 보니 깊어졌습니다. 여행과 영화, 팝송, 외국인 친구들과의 만남 덕분에 '책을 덮고' 영어 공부를 할 때도 있었습니다. '진짜 영어'를 배우고 실습하면서 영어에 대한 케케묵은 오해가 풀렸다고나 할까요?

참 싫었는데 겪어보니 그리 나쁘지만은 않네?
그동안 영어를 '잘못' 배워서 '잘 못'했던 건 아니었을까?
'영어'를 제대로 알지도 못하면서, 싫다고 너무 쉽게 말해버렸나?

이제 진짜 '영어'를 공부합시다!

'영어'에 대한 오해가 풀렸으면 좋겠습니다.

영어를 전공하지 않아도 영어 학습자라면 누구나 영어학과 영문학을 공부할 기회가 있으면 좋겠습니다. 영어를 잘하는 사람은 그에 걸맞은 '영어' 배경지식도 갖추면 좋겠습니다. 영어는 시험 점수 때문에 존재하는 것이 아니라, 역사가 있고 문학이 되고 사람 냄새가 나는 '말'이라는 것을 알려드리고 싶었습니다. 우리 학생들이 '영어'를 매개로 전 세계 다양한 나라의 문화를 경험하고 원활하게 소통하면서 멋있게 살아가면 좋겠습니다. '영어'를 공부하면서 세상을 바라보는 시각이 넓어지고, 인문학적 지식과 교양도 함께 쌓을 수 있으면 좋겠습니다. 무엇보다 학생들이 즐겁게 영어를 공부할 수 있으면 정말 좋겠습니다.

영어도 결국은 하나의 외국어입니다. 아무리 특별하고 지나치게 중요하다 할지라도 영어가 외국어라는 사실만은 변함이 없습니다. 외국어는 학습과 정복의 대상이 아닙니다. 외국어를 배우는 것은 상당히 재미있고 신기하며 놀라운 경험이 될 수 있습니다. 하지만 현실 속 수많은 영어 학습자들은 외국어를 배우는 잔잔한 재미와 성취의 기쁨을 느낄 겨를도 없이 지나치게 빠른 속도로 '시험'을 향해 나아갑니다. 물론 그 뒤에는 거칠고 부담스럽게 학습자들을 몰아가는 제도적 문제들이 존재하겠지만 말입니다.

이제 한국 사람들의 영어 수준은 과거와 비교도 안 될 만큼 많이 향상되었습니다. 제가 가르치는 학생들의 영어 실력 또한 나날이 좋아지고 있습니다. 가끔은 깜짝깜짝 놀랄 때도 있답니다.

하지만 유난히 영어 실력이 돋보이는 학생들을 보다가 문득 '겉으로는 영어를 참 잘하는 것처럼 보이지만 사실 영어 '기술'만 탁월한 것은 아닐까?' 하는 생각을 한 적이 있었습니다. 막강한 어휘력과 화려한 발음, 완벽에 가까운 독해력과 청해력을 갖추었지만 '영어' 자체에 대한 지식은 절대적으로 부족하다는 느낌이 들 때가 있었기 때문입니다. '영어'를 잘 모르는 사람들은 '영어 잘한다'라고 쉽게 말할지도 모르지만, 전공자는 머릿속이 좀 복잡해졌습니다. 영어에 관한 훌륭한 '기술'을 갖추고 있다면 외국인들과의 일상적 의사소통에는 문제가 없을 것입니다. 하지만 영어의 역사와 문화, 문학, 규칙과 뉘앙스를 전혀 이해하지 못한 채 단지 영어 '기술'에만 통달한 경우라면 언젠가는 예상치도 못했던 자신의 한계점을 마주할지도 모릅니다.

　사전을 통으로 외우고 문법책 예문을 모두 외워도 결코 가질 수 없는 것이 있습니다. 저는 그것이 바로 '영어'에 대한 지식과 이해라고 생각합니다. 진정한 영어 실력을 갖추기 위해서는 '영어'에 관한 공부도 해야 합니다. 진짜 '영어'를 공부하다 보면 영어의 수준이 높아질 뿐만 아니라 인문학적 지식과 교양도 쌓을 수 있을 것입니다. 영어를 잘하는 학생들이 자신의 한계를 마주하기 전에 '영어'를 제대로 공부할 기회도 주어져야 할 것입니다.

　〈Chapter Ⅲ〉부터는 제가 학부와 대학원에서 영어영문학과 영어교육학을 전공하면서 공부했던 '영어'에 대하여 쉽고 재미있게 소개하고자 합니다. 제가 가르치는 학생들에게, 또 이 땅의 수많은 영어 학습자들에게 꼭 알려드리고 싶은 내용만 담아보았습니다. 책을 덮을 무렵, 마치 캠퍼스에서 영어영문학을 부전공한 것 같다고 느끼는 독자가 있다면 얼마나 좋을까 상상해보면서 본격적으로 '진짜 영어'에 대한 이야기를 시작하겠습니다.

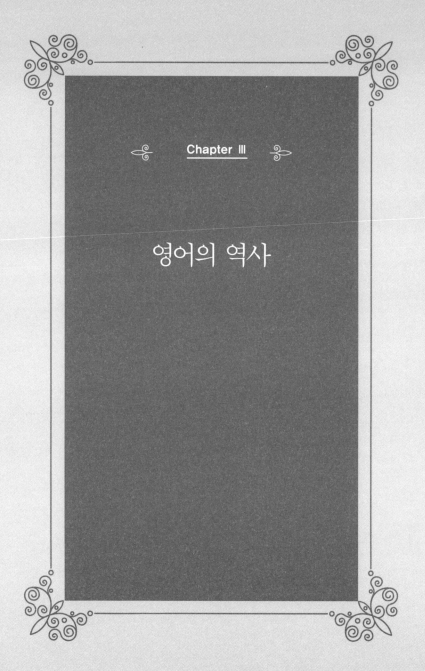

Chapter III

영어의 역사

영어에도 '역사'가 있답니다!

Q1. 영어를 만든 사람은 도대체 누구일까요?

그야말로 밑도 끝도 없는 질문이지만 간혹 '원망의 대상'이 필요할 때가 있었습니다. 영어 공부가 정말 하기 싫을 때면 도대체 영어를 만든 사람이 누구인지 더욱 궁금했습니다. 하지만 아무도 알려주지 않았고, 쉽게 찾을 수도 없었습니다.

영어는 어느 날 갑자기 누군가가 '뚝딱' 만든 것이 아니기 때문입니다. 영어를 시험 과목과 학습의 대상으로만 생각하다 보면 자칫 간과할 수도 있겠지만, 영어는 '말'이고 '언어'입니다. 언어는 단 한 사람이 만드는 것이 아니며 언제나 늘 똑같은 것도 아닙니다. 영어는 아주 까마득한 옛날에 수많은 사람에 의해 만들어져서 계속 변화해왔습니다.

지금도 변하는 중이고, 내일도 분명 변화할 것입니다. 즉, 오늘날 우리가 열심히 배우고 사용하는 영어는 지구상을 스쳐 갔던 사람들이 쓰던 '말'이었으며 기나긴 역사의 산물이랍니다. 그 긴 세월 속에는 눈물 없인 들을 수 없는 사연들과 파란만장 '스펙타클'한 드라마도 숨어 있지요.

Q2. 그런데 말입니다. 지금 시험공부 할 시간도 빠듯한데 영어의 역사까지 공부해야 합니까?

영어의 역사를 몰라도 영어를 잘할 수는 있습니다. 하지만 영어의 역사를 공부하는 것은 '영어'와 영문학을 이해하는 과정에서 아주 큰 도움이 될 것입니다. '영어사(英語史)'를 공부하는 것이 복잡하고 어려울 수는 있겠지만 분명히 그만큼의 가치가 있다고 확신합니다. 역사를 알게 되면 영문학의 흐름이 보이고, 영어 단어 속에서도 역사적 사건들이 마구 떠오른답니다.

저는 영어 학습자라면 누구나 영어의 역사를 공부해야 한다고 생각합니다. 우리나라 중고등학교 영어 교과서에도 영어의 역사 부분이 꼭 수록되면 좋겠습니다. 대학교에 갓 입학한 영어영문학과 새내기들은 대개 1학년 때 얼떨결에 '영어학 개론' 수업을 들으면서 처음으로 영어의 역사를 공부합니다. '영어사' 공부는 영어를 이해하는 폭을 단기간에 넓혀줄 뿐만 아니라 영어영문학 공부의 가장 기본적인 배경지식이 됩니다. 게다가 역사를 알게 되면 '영어'가 기존과는 다르게 보이고, 심지어 매력적으로 느껴지기도 하지요. 영어를 만든 '범인'을 찾아내서 꼭 벌하고 싶다가도 깊은 속사정이 있었다는 걸 알면 정상 참작이 되면서 없던 아량마저 생긴다고나 할까요?

그렇다면, 영어는 언제 어디에서 어떻게 시작된 것일까요?

영어는 처음부터 그렇게 '잘 나가는 외국어'였을까요?

어떻게 세계인들이 가장 널리 사용하는 언어가 되었을까요?

그런데 무슨 연유로 대한민국의 '나'까지 굳이 찾아와 이렇게 십 년 동안 들들 볶으면서 괴롭히는 걸까요?

영어는 도대체
언제 시작되었을까요?

마음의 준비가 되셨다면, 2000년 전 영국으로 가보겠습니다.

아주 옛날에 유럽 대륙의 북서쪽에 자리한 브리튼(Great Britain) 섬에는 여러 민족이 살고 있었습니다. 유럽 남서부에 위치한 '이베리아 반도'에서 건너온 이베리아족이 살고 있었다고도 전해지지만, 문자와 문명이 발달하지 않았던 시절이었으므로 정확한 기록이 남아 있지는 않습니다. 이후 독일과 프랑스 등 유럽 대륙에 살고 있던 유목민족 '켈트족(Celts)'이 브리튼섬으로 이동하여 서서히 정착하였다고 알려져 있습니다. '흰 피부에 불그스레한 금발 머리를 한 사람들, 키가 크고 과묵한 편, 목축, 문명의 발달, 켈트어(Celtic) 사용' 등이 당시 켈트족에 대한 기록입니다.

기원전 3세기경의 켈트족(크라코우 고고학 박물관).

'켈트'라는 말이 낯설지는 않습니다. 켈트 문화와 켈트 신화는 요즘 컴퓨터 게임이나 판타지 소설에서 모티브가 되는 경우도 많고, 외국 영화와 드라마에도 종종 등장합니다. 『해리 포터』 시리즈나 『반지의 제왕』, 그리고 『나니아 연대기』 등에서도 켈트 문화를 찾아볼 수 있습니다. 켈트 문화는 왠지 신비로우면서도 고대 유럽 특유의 독특한 느낌을 주지요. 몸에 그림이나 무늬를 그리고 살았던 켈트족을 부르던 호칭이 '브리튼(Britain)'이라는 단어로 발전했다고도 합니다.

세월이 많이 흘렀지만, 고대 켈트어의 흔적은 아직도 영어 지명 곳곳에 남아 있습니다. '런던(London)', '템스(Thames)', '요크(York)', '켄트(Kent)' 등이 모두 켈트어 기원으로 알려져 있습니다. 특히 영국의 수도 이름 '런던(London)'은 '호수의 도시'라는 뜻을 지닌 켈트어 단어 '린딘(Llyn Din)'에서 유래했을 것으로 추측하는 학자들이 많습니다.

영어는 이렇게 아주 옛날 브리튼섬에 살았던 사람들이 쓰던 말에서 천천히 움을 틔웠을 것입니다. 하지만 학계에서는 켈트어를 '영어'로 규정하지는 않습니다. 아직 '영어'는 공식적으로 시작되지 않았답니다.

All Roads Lead to Rome!

만약 켈트족이 브리튼섬에 자리를 잡고 대대손손 주야장천 잘 살았다면 켈트어가 브리튼섬의 공식 언어가 되었을지도 모를 일입니다. 하지만 역사가 그렇게 단순하지는 않겠지요.

All Roads Lead to Rome!

모든 길은 로마로 통한다는 말이 있습니다. 브리튼섬도 예외는 아니었습니다. 로마인들은 바다를 가로질러서까지 그들의 '길'을 꼭 잇고 싶었나 봅니다. 켈트족의 평화를 깨면서 브리튼섬에 최초로 시련을 안긴 자들은 바로 로마인들이었습니다. 기원전 55년 로마제국의 시저(Julius Caesar)가 영국 땅을 밟은 이후, 거의 500년 가까이 로마인들은 브리튼섬에 막대한 영향을 미치게 됩니다. 사실, 300~400년가량 브리튼섬은 로마제국의 속국이 되어 직접적인 지배를 받았습니다. 그동안

브리튼섬에 상륙하는 로마인들.

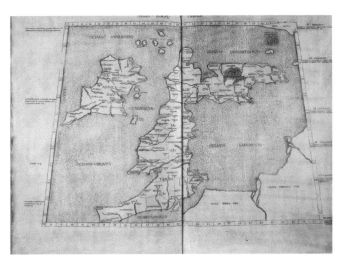

로마 점령 1세기 동안 도로와 해안의 경계선을 합친 프톨레마이오스의 지도를
1490년 이탈리아에서 재구성한 것. 두 가지 단점은 스코틀랜드가
동쪽으로 돌출되어 있고, 웨일즈와 같은 위도에 있는 아일랜드가 없다는 점이다.

로마의 문화는 브리튼섬 곳곳에 뿌리를 내릴 수 있었겠지요.

로마인들은 켈트족을 '갈리아인'이라고 불렀습니다. 켈트족 가운데 일부는 로마의 영향을 피해 여기저기로 이동하였지만, 또 다른 일부는 로마의 문화에 젖어 들기도 하였답니다. 지금도 영국에는 로마 문화의 흔적이 많이 남아 있습니다. 런던에서 버스 타고 세 시간 정도 가면 바스(Bath)라는 도시가 나옵니다. 그곳에 가면 커다란 로마식 목욕탕이 아직도 그대로 남아 있답니다.

당시 로마인들이 쓰던 언어 또한 영어에 영향을 미쳤습니다. 'street, cheese, pillow, mile, kitchen, wine, angel, cup, candle, church' 등의 단어가 바로 로마인들이 쓰던 라틴어에서 왔습니다. 그러나 로마의 언어는 브리튼섬에서 공식적인 국어(國語)가 되지는 못했습니다. 로마제국의 지배를 받기는 했지만, 브리튼섬에 살고 있었던 사람들은 로마의 언어를 그대로 사용하지 않았습니다. 당시의 언어는 '라틴어의 색채가 가미된 켈트어', 혹은 '라틴어 단어를 조금 차용한 켈트어' 정도였을 것이라 조심스럽게 추측해 봅니다. 그러나 영어학자들은 이 시기를 '본격적으로 고대 영어가 시작되기 이전의 시기'로 분류하고 있습니다. 아직도 영어는 시작되지 않았습니다.

드디어 '영어'의 역사가
시작되는 순간

천년만년 영원할 줄 알았던 로마제국도 망하는 날이 옵니다. 세상 모든 것은 끝이 있기 마련이니까요. 로마의 통치력과 영향력도 자연스럽게 약화하였습니다. 하지만 그렇다고 해서 켈트족의 전성기가 다시 시작된 것은 아닙니다. 로마가 쇠퇴하는 틈을 타서 또 다른 민족이 브리튼섬을 찾아왔습니다.

이번에는 게르만족(Germanic peoples)입니다. 게르만족의 침입은 영어의 역사에서 가장 중요한 사건이기도 합니다. 게르만족이 영국 땅으로 몰려와 정착했었던 449년을 '본격적으로 고대 영어가 시작된 시기'라고 보기 때문입니다. 즉, '영어'의 기나긴 역사는 449년에 게르만족의 침입과 함께 공식적으로 시작되었습니다. 생각해보니, 영어의 사전적 정의인 '인도 유럽어족 게르만 어파의 서게르만 어군에 속한 언어'

에도 '게르만'이라는 단어가 두 번이나 등장합니다.

그런데 게르만족, 이들은 대체 누구일까요?

'게르만, German?' 하면 떠오르는 나라가 있습니다. 맞습니다. 게르만족은 독일과 관련된 민족입니다. 오늘날의 독일 지역과 덴마크 남부 근방에는 다양한 고대 게르만 부족들이 거주하고 있었습니다. '창백하면서도 털이 많고, 푸른 눈에 큰 키, 불그스레한 금발, 육식과 술을 즐기며 통나무집을 짓고 사는 사람들' 등이 그들에 대한 기록입니다. 오늘날의 독일 사람들처럼 빵도 먹고 맥주도 마셨다고 합니다. 그런데 여러 게르만족의 가운데 '앵글로색슨(Anglo-Saxons)'이라는 부족이 영국 땅에 와서 정착하였습니다. 앵글로색슨족은 게르만의 여러 부족 중 앵글족(Angles), 색슨족(Saxons), 주트족(Jutes) 등을 가리키는 말이었으며, 이들을 통칭하여 '앵글로색슨'이라 불렀다고 합니다.

앵글로색슨은 원래 켈트족을 도와주면서 슬금슬금 왕래하던 제법 '낯익은' 사이였습니다. 그러나 로마가 힘이 빠지자 점차 세력을 확장하더니 어느 날 본격적으로 브리튼섬에 진출하였습니다. 주트족이 가장 먼저 건너왔고, 이후 색슨족이 런던의 템스강 남쪽에 정착하였습니다. 마지막으로 앵글족이 템스강 북부에 정착했다고 전해집니다. 이들은 브리튼섬에 총 일곱 개의 왕국을 건설하면서 제대로 자리를 잡았습니다. 게르만족이 이렇게 '대세'가 되어버리자 켈트족은 서쪽으로는 웨일스(Wales), 북쪽으로는 아일랜드(Ireland)나 스코틀랜드(Scotland) 등으로 삶의 터전을 옮겼습니다.

오늘날에도 웨일스와 스코틀랜드에는 켈트족의 후예들이 살고 있으며, 그들은 잉글랜드의 '영어'가 아니라 웨일스어나 게일릭어를 사용하는 것으로 알려져 있습니다. 긴 세월 동안 그들만의 독특한 문화와 정체성도 발달시켜 왔답니다. 사실, 오늘날의 영국(United Kingdom)은 말 그대로 네 개의 국가가 정치적으로 '연합(united)'된 상태입니다. 네 개의 국가는 각각 상당한 독립성을 유지하고 있으며 국기도 서로 다릅니다. 이들의 국기를 모두 합친 것이 바로 영국 국기 '유니언 잭(Union Jack)'입니다. 월드컵 경기에 나갈 때에도 각기 다른 팀으로, 또 각자의

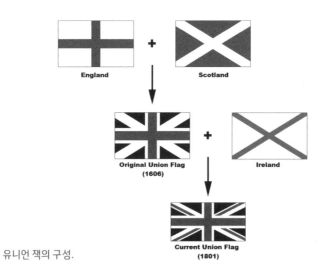

유니언 잭의 구성.

국기를 내세우며 출전한다는 것을 알고 계셨나요? 이들은 언어, 민족, 문화 등에서 서로 이질적인 부분이 상당히 많아 오늘날까지도 다양한 갈등을 겪고 있습니다. 그 뿌리를 거슬러 가보면 이렇게 5세기까지 오게 됩니다.

우여곡절 끝에 앵글로색슨은 영국 땅 중에서도 특히 오늘날의 잉글랜드 지역에 비교적 성공적으로 정착할 수 있었습니다. 그리고 앵글로색슨족은 자신들이 차지하게 된 땅을 '앵글로의 땅'이라고 불렀습니다. 'Engla+land', 즉 '잉글랜드(England)'라는 이름의 주인공은 바로 게르만 혈통의 '앵글로색슨족'이었습니다.

'The Land of the Angles'에서 유래한 이름 'England',
그리고 그들의 말이라는 뜻의 'English',
오늘날 세계공용어로 쓰이는 '영어'는 이렇게 싹을 틔웠습니다.

어렵고 복잡했던
'고대 영어'

'잉글랜드'에서 앵글로색슨족이 사용하던 말을 흔히 '고대 영어(Old English)'라고 합니다. 우리가 지금 배우고 있는 영어는 '고대 영어 시기(Old English Period, 450~1150년경)'와 '중세 영어 시기(Middle English Period, 1150~1500년경)'를 지나 '근대 영어 시기(Modern English Period, 1500년 이후)'를 거쳐온 말입니다.

지금도 영어가 참 어렵습니다만, 영어가 가장 어려웠던 시기는 바로 고대 영어 시기였습니다. 그 시절의 영어를 공부하다 보면 '아, 지금 영어 공부는 공부도 아니구나'라는 생각이 들 정도입니다. 고대 영어는 한마디로 '굴절(inflection)'이 심했습니다. 전공자들이 사용하는 '굴절이 심하다'라는 말은 다시 말해 '문법적인 규칙이 아주 많고 복잡하다' 정도의 의미로 해석할 수 있습니다. 수(number), 격(case), 성(gender),

동사와의 관련성 등의 정보가 단어의 형태 변화를 통해 나타나는 것이 바로 '굴절'입니다. 굴절은 인도 유럽어 중 특히 게르만어에서 두드러지게 나타나는 특징입니다.

고대 영어는 현재 독일 북부에서 사용하는 언어와 비슷한데, 독일어에는 아직도 명사마다 남성, 여성, 중성, 이렇게 세 가지의 '성(性)'이 있습니다. 그리고 '성'에 따라 관사와 동사의 형태가 달라집니다. 명사의 형태를 보면 '수'와 '성'을 알 수 있고, 대명사나 관사를 보면 '격'까지도 대충 파악됩니다.

고대 영어 또한 굴절이 심했으니 '성'이 남아 있었습니다. 예를 들어 'Sun'은 여성명사였고, 'Moon'은 남성 명사였습니다. 'queen'은 여성 명사인데 'wife'는 중성 명사였습니다. 단어 외우기도 벅찬데 '성'까지 함께 알아야만 했습니다. 사실 저는 독일어 발음에 매료되어 독일어 대회에 참가하고 독어독문학 전공 수업을 듣기도 하였으며 독일문화원에도 다니다가 중도 포기한 경험이 있습니다. 독일어 공부의 가장 큰 수확이 있다면 '굴절 약한' 현대 영어는 정말 쉬운 것이라는 걸 깨닫고 깊이 감사하는 마음으로 더 열심히 '영어'를 공부하게 된 것입니다.

고대 영어는 지금의 독일어와 매우 흡사한 굴절 시스템을 가지고 있었고, 현대 영어보다 훨씬 복잡하고 어려운 말이었습니다. 예를 들어 '개'를 뜻하는 'hund'라는 단어가 고대 영어에서는 '격, 수, 성'에 따라 'hundes, hunde, hunda, hundun, hundas' 등으로 변화할 수 있었습니다. 'hund'가 '개'라는 것 하나만 외우기도 벅찬데, 저 많은 형태까지 함께 외워서 적재적소에 맞게 써야 한다니 머리가 지끈지끈 아플 지경이지요.

정말 다행스럽게도 현대 영어에서는 명사의 소유격에 붙이는 's'(dog's처럼)와 복수의 's'(dogs처럼)에만 굴절이 남아 있습니다. 동사의 경우는 과거형과 과거분사에서의 '-ed/-t', 삼인칭 단수 명사가 주어로 올 때 일반동사에 '-s', 현재분사에는 'ing'를 붙이는 굴절이 남아 있고, 형용사나 부사에서는 비교급에 'er', 최상급엔 '(e)st'를 붙이는 굴절이 있습니다. 전체적으로 대략 여덟 개의 굴절만 남은 상태입니다. 이것도 번번이 헷갈려서 괴로워했는데, 고대 영어의 진실을 알고 나니 현대 영어의 '굴절 8개' 정도는 그리 나쁘지 않다는 생각이 듭니다.

고대 영어는 어순도 조금 달랐습니다. 목적어가 문장 첫머리(문장의 앞)에 있었습니다.

Him I know. (I know him.)

Evil he likes. (He likes evil.)

Cold weather likes us not. (We don't like cold weather.)

마치 영시를 읽는 것 같은 느낌이지만, 사실 그 옛날에는 놀랍게도 주어로 문장이 시작되지 않습니다. 그리고 일반동사의 부정형에도 'don't'가 쓰이지 않았고, 동사 뒤에 바로 'not'이 위치했습니다. 이는 영어 초급자들이 많이 하는 실수인데, 고대 영어의 관점으로 보자면 문법적으로 전혀 문제가 없답니다.

그 이름도 무서운 '바이킹'의 침입!

만약 앵글로색슨족이 이제부터 단 한 번도 이민족의 침입을 받지 않고 쭉 태평성대를 누렸다면 어땠을까요? 고립된 섬나라로 남아 '고대영어'를 그대로 간직했더라면 어땠을까요? 어쩌면 영어는 너무 폐쇄적이고 어려워서 세계공용어가 되지 못하고 자연스럽게 도태되지 않았을까요? 그럼 우리가 이렇게까지 열심히 영어를 공부하지 않아도 될텐데 말입니다. 혹시 영어가 그렇게 어려운 '굴절' 시스템을 그대로 간직한 채 기어코 세계공용어가 되어서 우리를 지금보다 더 심하게 괴롭힐 수도 있었을까요?

그러나 저의 상상이 무색할 만큼 브리튼섬에는 바람 잘 날이 없었습니다. 켈트족과 로마제국, 게르만족이 끝이 아닙니다. 물론 켈트족의 터전을 일부 빼앗긴 했으나 앵글로색슨은 기독교로 개종도 하고 그들

만의 문명도 누리면서 나름대로 잘 살았답니다. 하지만 이들은 9세기
경에 아주 큰 시련을 맞게 됩니다.

바이킹족(Vikings)이 나타났습니다. 북유럽의 '바이킹'이 드디어 브
리튼섬에 닻을 내렸습니다. 당시 기록에 따르면 '짐승 가죽옷을 입은
바이킹족이 큰 배를 타고 와서 칼과 도끼를 마구 휘두르고 다녔다'라
고 합니다. 불을 지르고 물건들을 사정없이 빼앗아가는 모습을 보고
당시 브리튼섬에 살고 있던 주민들은 '지옥에서 악마들이 몰려왔다!'
라고 얘기할 정도였다지요.

그러나 한편으로는 바이킹족 역시 거칠고 호전적일 수밖에 없었던
'그들만의 사연'이 있었습니다. 바이킹족이 살던 땅은 북유럽 스칸디
나비아 지역, 그러니까 오늘날의 덴마크, 노르웨이, 스웨덴 지역이었습
니다. '바이킹'이라고 불리는 이들은 사실 북유럽인들이었답니다. 8~9
세기 즈음에 빙하기가 오자, 그렇지 않아도 추웠던 북유럽 땅은 사람
이 살기 힘들 정도가 되었습니다. 춥고 척박한 땅에서는 농사를 지을
수도 없으니 먹을거리조차 충분치 않았을 것입니다. 궁지에 몰린 스칸
디나비아인들은 특유의 조선술과 항해술을 바탕으로 따뜻하고 비옥
한 땅을 찾아 떠나게 됩니다. 그들은 지중해와 아시아는 물론이고, 북
대서양 바다를 건너 그린란드와 캐나다까지 진출하였습니다. 바이킹족
은 어떤 의미에서는 콜럼버스보다 먼저 아메리카 대륙을 발견한 민족
이기도 합니다. 장거리에도 능한 바이킹이 엎어지면 코 닿을 데 위치한

브리튼섬을 가만히 둘 리 없었겠지요.

여기서 궁금한 것은 '영어'의 운명입니다. 무서운 바이킹들은 영어조차 꿀꺽 삼켰을까요?

놀랍게도 그렇지는 않았습니다. 영어는 이번에도 잘 살아남았습니다. 바이킹족은 대체로 고대 노르웨이인들과 덴마크인들, 스웨덴인들로 구성되어 있었는데 인종이나 언어적인 측면에서 게르만족과 크게 다르지 않았다고 합니다. 즉, 바이킹이 쓰던 말은 전혀 새로운 외국어는 아니었으며 고대 영어와 어느 정도 흡사했을 것이라 추측됩니다.

그러나 바이킹의 언어는 영어에 적지 않은 영향을 미쳤습니다.
'sk'로 시작되는 단어들(sky, skill, skin 등)과 'husband, law, leg, egg, gap, birth, steak, both, happy, ugly, ill, odd, same, till, until, trust, want, give, take, cut, die, raise, happen' 등 우리가 흔히 아는 영어 단어들이 모두 스칸디나비아 지역에서 건너온 말들입니다. 이 밖에도 일일이 다 열거할 수 없을 만큼 많은 어휘가 이 시기에 유입되었습니다.
또한 '전치사'가 바이킹에 의해, 아니 '바이킹 때문에' 고대 영어에 뿌리를 내립니다. '도대체 뭐냐, 너는?' 하면서 제가 늘 쩔쩔맸던 전치사는 바로 바이킹들이 쓰던 말이었습니다. 전치사가 쓰이기 시작하면서 동사와 전치사가 합쳐져 쓰이는 '구동사(phrasal verb)'도 사용되었

바다를 건너 브리튼섬을 침공하는 바이킹.

습니다. 대명사 'they, their, them' 역시 고대 노르웨이어가 기원이며, 학자들은 바이킹의 언어가 영어의 어순에도 영향을 주었을 것이라 이야기합니다.

바이킹의 언어는 게르만 색채가 강했던 고대 영어 속에 쏙쏙 스며들었지만, '영어'는 침입자들의 말을 받아들이는 유연성을 또 한 번 발휘하면서 큰 고비를 넘길 수 있었습니다. 그리고 잉글랜드 남부 웨섹스

(Wessex)의 알프레드 대왕(Alfred the Great) 덕분에 브리튼섬은 잠시나마 평화와 번영의 시기를 누리기도 하였습니다. 특히, 알프레드 대왕은 라틴어 서적들을 '고대 영어'로 번역하는 작업을 장려하고 스스로 영어번역 작업에 동참하기도 하였습니다. 그는 '고대 영어'의 발달에 상당히 중요한 인물이었을 뿐만 아니라, 바이킹으로부터 국토와 영어, 기독교까지 지켜냈다고 하니 후세에 길이길이 '영국의 수호자'라 불리기에 손색이 없는 왕이었습니다.

세상에서 영어가
사라질 뻔한 시기

그러나 알프레드 대왕의 태평성대가 영원토록 지속되지는 않았습니다. 11세기 무렵에는 또 누군가가 브리튼섬을 노리게 되었답니다. 이번에는 앙숙 프랑스 방향입니다. 정확히 얘기하자면, 프랑스 북부에 살고 있던 노르만족(Norman)이 나타났습니다. 노르만족은 과거에 침입했던 바이킹들의 먼 친척뻘이었습니다.

일찍이 9세기경 프랑스에 침입했었던 이 바이킹들은 '북쪽에 살던 사람들,' 즉 'Northmen'이라 불렸습니다. 그러나 자꾸 약탈을 일삼고 골치 아픈 일을 만드니 당시 프랑스의 국왕 샤를 3세는 북부 해안의 땅에 그들끼리 터를 잡고 살도록 하였습니다. 노르만의 나라, 즉 '노르망디 공국'을 세워주고 일종의 타협을 한 셈입니다. 이렇게 자신들의 공국을 만든 후 노르만족은 프랑스어도 배우고 기독교도 받아들이면서 안정적인 정착 생활을 했습니다. 적응력마저 놀라웠던 그들은 스칸디나비아 말을 거의 버리고 라틴 문화에 젖어 들기도 하였으며 문명의 발달도 이룩하였습니다. 덕분에 힘도 강해졌습니다.

1066년, 정복자 윌리엄(William the Conquer)은 본격적으로 브리튼섬에 침입하였습니다. 이 사건을 일명 '노르만의 침입, 혹은 노르만의 정복(Norman Conquest)'이라고 부릅니다. 이는 영국의 역사와 영어의 역사에 있어서 실로 엄청난 사건이었습니다. 세상에, 노르만족 윌리엄이 브리튼섬에 와서 영국 국왕을 몰아내고 '윌리엄 1세' 왕이 되었습니다. 이 사건을 계기로 프랑스 문화가 대거 영국으로 유입되었다는 점 또한 역사적으로 큰 의미를 지닙니다. 언어도 예외는 아니었습니다. 노르만족이 왕이 되고 귀족이 되었으니, 그들이 쓰던 말도 당연히 영어에 막대한 영향을 끼치게 됩니다. 노르만족은 프랑스어의 방언, 이른바 'Norman-French'를 사용했습니다. 이들은 영국으로 넘어오면서 일명 'Anglo-French'를 형성하게 되었고, 프랑스인들의 이주까지 이어지면서 'Central-French'도 유입되었습니다.

문제는 이들이 영국의 지배층을 형성했다는 것입니다. 한마디로 프랑스의 문화와 언어가 영국 땅을 '지배'하게 되었습니다. '노르만의 정복'이라는 역사적 사건을 기점으로 고대 영어는 막을 내리고, 중세 영어(Middle English Period) 시기로 접어드는데, 이 사건은 영어사에서

노르만족이 프랑스 바이외에서 말을 싣고 영국으로 건너오다.

너무 중요한 나머지 제가 대학원 입학시험을 볼 때 구술시험 문제로도 출제되었답니다.

"Norman Conquest가 영어에 미친 영향을 말해보세요."

브리튼섬은 이미 여러 차례 이민족의 침입을 받았지만, 이번에는 비교도 안 될 만큼 가혹한 시련이 닥쳤습니다. 프랑스어는 영어에 영향을 미치는 정도가 아니라, 아예 영어를 쫓아내는 형국이었으니까요. 왕부터 시작해서 지배층, 귀족층, 그러니까 상류층(superior social class)의 공식 언어는 이제 '프랑스어'였습니다. 학문, 법률, 행정, 종교, 군사, 정부 등과 관련된 전문적인 용어들도 프랑스어로 대체되었습니다.

왕도 귀족도 마음은 프랑스에 있었습니다. 헨리 1세는 재임 기간의 절반 가량을 프랑스에 가 있을 정도였고, 헨리 2세는 왕비도 프랑스에서 모셔왔습니다. 귀족, 성직자, 그리고 부유한 평민들까지 모두 프랑스어를 쓰려고 노력했습니다. 당시 교육을 잘 받은 사람들은 라틴어와 프랑스어, 영어까지 세 개의 언어를 사용하였다고도 하지요. '프랑스어를 모르는 사람은 별 볼 일 없는 사람(Unless a man knows French, one counts of him little.)'이라는 말까지 돌던 시절이었습니다.

상황이 이러하니 프랑스어가 영어에 유입될 수밖에 없었습니다. 학자들은 이 시기에 약 만 개의 프랑스어 단어와 표현들이 영어에 유입되었을 것으로 추정합니다.

'market, hour, garden, people, prince, face, voice, royal, money, act' 등은 모두 프랑스어에서 온 단어들입니다. 행정과 관련된 말 'nation, council, assembly, government, minister' 등도 프랑스어에서 온 단어들입니다. 법률 관련 단어인 'court, judge, crime, attorney, justice, prison, punish, bill' 등도 모두 프랑스에서 건너왔습니다. 'religion, saint, bible, service' 등의 종교 관련 단어들도 모두 프랑스어가 기원입니다. 군사 관련 단어 'soldier, war, captain, enemy, castle', 그리고 문화 예술과 관련되는 'art, dress, fashion, beauty, paint, music, poem, romance, study' 등등이 모두 프랑스어에서 온 말들입니다. 다 우리가 너무나도 잘 알고 있는 '영어' 단어들이라 의심의 여지 없이 당연히 '영어'라고 생각했는데 사실은 프랑스에서 건너온 말이라는 것이 놀랍습니다.

다시 말해서, 노르만족이 잉글랜드를 정복했던 11세기부터 13세기까지 거의 300년가량은 '브리튼섬의 이중언어 시대'였습니다. 귀족의 언어, 공식 기록에 쓰는 언어, 식자층이 쓰는 언어는 프랑스어였고 농민과 서민들은 영어를 사용했습니다.

예를 들어보겠습니다. 빵집을 운영하는 Baker씨나 방앗간을 운영하는 Miller씨는 영어로 된 '성'을 가졌습니다. 하지만 프랑스 유학파 예술인 Painter씨나 당시 잘 나가던 전문직 재단사 Taylor씨는 프랑스어 성으로 불렸습니다.

들판에서 뛰어노는 야생동물들, 예를 들어 암소(cow)와 황소(ox)는 영어로 불렸습니다. 하지만 멋지게 요리되어 귀족들의 밥상에 올라가는 비프(beef), 베이컨(bacon) 등은 프랑스식 이름으로 불리었습니다. 조금 유치하긴 하나, 원재료는 영어로 불리고 멋지게 요리되어 부가 가치가 상승하면 프랑스어 이름을 갖게 되었습니다. 같은 닭이라도 'poultry'가 요리되면 'chicken'이 되었고, 'sheep'이 양 요리가 되면 'mutton'이 되었습니다. 돼지고기 'swine'도 돼지고기 요리가 되면 'pork'가 되었습니다.

더 고급스럽고 맛있는 것은 무조건 프랑스어였습니다. 아침 식사 'breakfast'는 영어지만 저녁 만찬을 가리킬 때는 'dinner, supper'와 같은 프랑스어를 썼습니다. 요리와 관련된 단어들, 예를 들어 'boil, broil, fry, grill, roast, toast' 등도 모두 프랑스어가 기원입니다. 그런데 요리뿐만 아니라 가치가 높은 것은 모두 프랑스어로 대체되는 기묘한 현상이 나타났습니다. 집을 나타내는 순수 영어인 'home'이나 'house'보다는 프랑스에서 온 말인 'palace'나 'mansion'이 훨씬 넓고 비싼 집처럼 느껴졌습니다. 조금 과장하자면, 프랑스어는 영어보다 더 '있어 보이는 말'이었고, 가진 사람들과 높은 사람들이 쓰는 말이었습니다.

이 시기를 영어 역사상 최대의 '굴욕기'라고 해도 과언이 아닐 것입니다. 게다가 노르만이 지배하던 100여 년가량은 영어로 된 변변한 문학작품 하나 나오지 못했습니다. 당시의 문학작품은 심지어 프랑스어나 라틴어로 남아 있습니다. 14세기에 영어를 제대로 할 줄 아는 왕 헨리 4세가 즉위하고 백년전쟁 이후 영어가 조금씩 되살아나긴 했지만, 사실 18세기까지도 영국 법정에서는 프랑스어가 종종 사용되었다고 합니다. 영어의 시련은 생각보다 오래 지속되었습니다.

그렇다면 백성들은 이 암흑의 시기를 어떻게 버텼을까요? 백성들마저 프랑스어를 사용하게 되었을까요?

불행인지 다행인지는 모르겠지만, 일반 대중들은 프랑스어를 많이 쓰지 않았습니다. 아니, 프랑스어를 사용하지 못했습니다. 프랑스어를 제대로 배울 기회조차 없었기 때문입니다. 지배층끼리 모이면 프랑스어를 사용했겠지만, 일반 백성들끼리 모이면 예전처럼 그냥 영어로 대화를 했을 것입니다. 그런데 문제는, 영국 사람들이 공식적으로 '영어'를 배울 수도 없었다는 점입니다. 영어를 제대로 배우지도 가르치지도 못하는 세월이 길어지다 보니 '영어'는 당연히 쇠퇴할 수밖에 없었습니다. 결국 근 300여 년 동안 영어는 어휘도 문법도 제대로 발달할 수 없었던 최악의 '침체기'를 겪었답니다.

제대로 영어를 배우지 못했던 사람들은 점점 더 쉬운 '영어'로 의사소통을 하게 되었고, 따라서 이 시기를 굳세게 견뎌온 단어들은 주로 짧고 쉬운 단어들이었습니다. 당시 영어 사용자들은 놀랍게도 'make, take, look' 같은 기본 동사들로 상당히 많은 의미를 표현하는 '달인의 경지'에 오르게 됩니다. 저는 사전에서 'make'를 찾아보고 뜻이 너무 많아서 깜짝 놀란 적이 있습니다. 'have'도 사전 몇 페이지가 넘어갈 정도로 뜻이 많아 당황스러웠습니다. 한 단어로 그렇게 많은 뜻을 나타낼 수 있다니요. 게다가 어떤 전치사가 붙느냐에 따라, 또 어떤 단어와 함께 쓰이느냐에 따라 예측할 수 없을 만큼 다양한 표현들이 만들어집니다. 조합에 따라 한 단어로 온갖 뜻을 다 표현할 수 있다니, 영어 사전을 보고 있노라면 감탄이 절로 나오지요. 하지만 이 또한 역사적 산물이었습니다. '영어의 암흑기'를 살았던 사람들은 쉬운 단어를 다양하게 조합하여 수많은 뜻을 표현하면서 나름대로 언어적 시련을 이겨내고 있었을지도 모릅니다.

예를 들어 12세기 런던의 변두리에 살고 있었던 농민 토머스 씨는 프랑스어 기원인 'decline' 같은 단어는 몰랐을 것입니다. 거절할 때는 쉬운 동사 'turn'에 전치사 'down'을 붙여 'turn down'이라고 표현했을 것입니다. 바닷가 마을에 살고 있었던 메리 양은 무언가를 포기하고 싶을 때는 쉬운 동사 'give'와 전치사 'up'을 합쳐서 'give up'이라고 말했을 것입니다. 프랑스어 기원의 단어 'abandon'은 몰랐을 테니까요. 이렇게 쉬운 동사와 전치사를 연결, 조합하면서 영어는 가까스로 명맥을 유지할 수 있었습니다.

문법도 어려울 수가 없었습니다. 고대 영어처럼 하나하나 어렵게 '굴절'을 따져가며 말하느니 차라리 프랑스어를 배우고 말았을 것입니다. 다행인지 불행인지 이 시기를 거치며 고대 영어의 문법과 굴절은 매우 단순해집니다. 학자들은 어려운 말로 굴절이 '수평화되었다'라고 말합니다. 복잡했던 어미 체계가 단순화되면서 굴절 어미보다는 전치사가 발달했습니다. 중세 영어는 문법적인 '성'도 과감히 버렸습니다. 다른 유럽 언어들과는 확실한 차별화가 일어나는 순간이었습니다. 덕분에 영어는 직접적이고 명료하며 비교적 단순한 언어로 발전할 수 있었습니다.

이 시기에는 현대 영어와 같은 어순도 확립되었습니다. 주어가 먼저 나온 후 동사가 나오고, 필요하다면 목적어가 그다음에 등장하는 기본적인 영어의 어순 'S+V+O'가 확립되었습니다. 고대 영어는 지역별로 방언도 참 많았는데 노르만 정복의 여파로 다양한 방언들이 거의 하나로 통일되는 양상을 보였다고 합니다.

프랑스어는 영어의 철자에도 영향을 미쳤습니다. 프랑스어의 영향으로 영어의 철자에서 처음으로 'ee'와 'oo'가 나타났습니다. 'good'이나 'geese' 등이 그 예입니다. 'ou' 역시 프랑스식 철자입니다. 'house'와 'mouse' 등이 영향을 받았습니다. 프랑스어의 영향으로 'c'가 'ch'가 되었으므로 고대 영어의 'cild'가 중세 영어에서는 'child'가 되었습니다. 그리고 고대 영어에서의 'c'는 [s]로 발음되지 않았지만, 프랑스어의 영향으로 'city, grace, certain' 등의 단어에서는 'c'가 [s] 소리로 발음되었습니다. 또한, 고대 영어의 'cw'는 'qu'가 되었으니, 'cwen'은 'queen'이 되었습니다.

이 무렵 프랑스어의 유입으로 인해 영어의 발음도 조금 더 부드러워졌습니다. 게르만어와 흡사했던 고대 영어는 '자음'을 중시하는 언어였으므로 다소 딱딱하고 재미없고 어두운 느낌의 발음이 많았습니다. 그러나 프랑스어는 '모음'이 발달한 언어인지라 조금 더 가볍고 둥글둥글한 느낌이 있습니다. 영어 발음은 프랑스어의 영향을 받으면서 '독일어와 프랑스어 발음의 중간' 정도 부드러운 발음이 되었답니다.

비 온 뒤 비로소
굳어지는 땅처럼

그런데, 혹독한 시련과 굴욕이 오히려 훗날 영어의 발전에 큰 원동력이 되었다면 믿어지십니까?

쉽고 단순한 형태로 변화할 수밖에 없었던 상황, 그리고 계속해서 '남의 말들'을 받아들여야만 했던 아픔으로 인하여 영어는 유연하고 단단한 언어가 되고 있었습니다. 라틴어와 독일어, 프랑스어보다 훨씬 배우기 쉽고 대화하기 좋은 언어로 진화하고 있었던 것입니다.

저는 영어의 힘이 바로 여기에 있다고 생각합니다. 사실 노르만 정복 이후 거의 300여 년가량은 제대로 된 영어 기록과 문학작품조차 찾아보기 힘들었습니다. 즉, 영어는 지구상에서 서서히 사라지던 중이었습니다. 그러나 백성들이 꿋꿋이 영어를 지켜냈습니다. 상류층이 모두 프랑스어를 쓴다고 해도 농민들과 서민들은 꿈쩍하지 않았습니다. 로마의 라틴어도, 전 세계를 누비고 다니던 바이킹의 언어도, 노르만족의 말과 프랑스어조차도 브리튼섬에 살고 있던 사람들의 '영어'를 없애지는 못했습니다. 이른바 '영어의 암흑기' 동안 500개 정도의 단어가 간신히 겨우겨우 살아남아 오늘날 전 세계에서 가장 널리 쓰이는 말로 재탄생했다는 사실은 그저 놀랍기만 합니다.

역사상 많은 언어가 지구상에 생기고 또 사라지곤 했습니다. 그러나 영어는 사라져야 할 위기 속에서도 사라지지 않았습니다. 여러 가지 언어들이 오히려 영어 안에 녹아드는 기현상을 보였을 뿐입니다. 다양한 외국어를 받아들이고 흡수하면서 '영어'라는 언어는 일종의 혼합어의 성격을 띠게 되었으며, 방대한 어휘력과 표현력을 바탕으로 더욱 몸집을 키우면서 발전할 수 있었습니다. 영어는 다른 나라의 말을 차용하고 포용하는 능력 또한 탁월했습니다. 게다가 고대 영어의 굴절 시스템과 복잡한 문법 체계도 나날이 단순해졌습니다. 덕분에 외국어를 배우는 사람에게는 영어가 '그나마 배우기 쉬운 말, 비교적 따라 하기 쉬운 말'이 되었습니다. 게르만어를 기본으로 하되 프랑스어와 북유럽의 언어, 라틴어와 그리스어, 켈트어 등이 모두 조금씩 섞여 있었기에 유럽 전역에서의 접근성도 좋았습니다.

아픈 만큼 성숙해졌습니다. 이제 영어는 대중적이고 포용력 있는 언어, 접근성 좋고 배우기 쉬운 언어, 표현력 면에서도 풍부하고 뛰어난 언어로 발전하기 시작합니다. 마치 비 온 뒤에 비로소 굳어지는 땅처럼, 영어는 혹독한 시련 후에 '단단한 언어'가 되었습니다.

근대 영어의 비약적 발달

14세기가 되면서 유럽 전역에는 흑사병(Black Death, 또는 Great Plague)이 유행하였습니다. 감염병이 수많은 사람의 목숨을 앗아가면서 사회 질서와 봉건제도가 흔들릴 지경이었습니다. 영국도 예외는 아니었습니다. 기아와 역병도 힘든데 프랑스와의 백년전쟁까지 이어지면서 영국의 국력은 급격하게 소진되었습니다. 그러나 가장 어두울 때는 해뜨기 직전이라고 하지요. 어둠의 시간을 견디면서 영국은 더욱 강건해졌습니다. 영어도 덩달아 강해졌습니다. 14세기가 지나면서 비로소 '영어'가 발달하기 시작했고 학교에서도 영어를 가르치게 되었습니다. 이젠 영어를 배우는 노르만족도 있었습니다. 14세기 말에는 초서(Geoffrey Chaucer)라는 작가가 '영어'로 「캔터베리 이야기(Canterbury Tales)」라는 걸작을 남기기도 했습니다. 이 작품은 영문학의 발전에 크게 이바지하였으며 초서는 셰익스피어만큼이나 유명한 작가가 되었습

초서의 초상화
(W.H. 모트의 판화 작품).

Engraved by W.H Mote

니다. 초서는 '영문학의 4대 시인, 영국 시의 아버지'로 불리기도 한답니다.

'영어'로 작품을 쓴 것이 훗날 이렇게까지 높이 평가받게 될 줄은 초서 자신도 몰랐을 것입니다. 물론 작품 자제도 매우 훌륭했지만, 프랑스어나 라틴어로 글을 쓰는 것이 당연했던 시절에 영어로 작품을 남겼다는 것 자체가 매우 특별한 일이었습니다. 이렇게 중세 말이 되면 영어는 그간의 아픔을 추스르고 활기를 되찾기 시작합니다.

15세기부터는 브리튼섬뿐만 아니라, 유럽 대륙의 분위기도 확연히 변화하기 시작합니다. 곳곳에서 종교개혁이 일어났고 르네상스가 시작되었습니다. 지리상의 대발견이 이루어지기도 했고 무역과 과학, 각종 기술이 급속도로 발달했습니다. 종교에만 갇혀 있던 답답한 세상이 새롭게 열리기 시작하자 문학과 예술 분야도 활기를 되찾았습니다. 이 시기의 사람들은 성경뿐만 아니라 문학작품, 과학책, 인문학책 등을 두루 읽었으며 케케묵은 고전도 다시 찾아 읽었습니다. 이탈리아를 비롯하여 유럽 곳곳으로 여행을 다니면서 서로의 문화를 향유하는 예술가들도 있었고, 외국어를 배우는 사람들도 많았습니다.

'근대 영어'도 중세의 서러움을 딛고 힘찬 도약을 시작하였습니다. 이 시기의 영어는 지금의 영어와 매우 흡사한 단계까지 발전하였으며 어휘나 발음, 문법과 철자도 모두 세련되어졌습니다. 영어로 쓰고 읽는 영문학도 발달하였습니다. 무엇보다 문학 작품들이 재미있어졌습니다. 전쟁과 종교처럼 심각하고 딱딱한 소재에서 벗어나 세속적인 주제, 그러니까 사랑과 여성, 자연, 사람의 감정 등을 노래하게 되었답니다.

학자들은 이와 같은 격변의 15~16세기에 런던에서 쓰였던 영어를 '초기 근대 영어(Early Modern English)'라고 부릅니다. 이 시기부터 영어는 정말로 '모던'해진답니다. 그리고 18세기가 되면 '초기(Early)'라는 말도 떼어버리고 완전한 '근대 영어(Modern English)'의 시대를 맞이합니다.

에드워드 4세에게 인쇄물을 보여주는 윌리엄 캑스턴.

초기 근대 영어를 간단하게 살펴보겠습니다. 먼저, 근대 영어의 어순은 지금과 흡사한 수준에 이르렀으며 영어 철자법도 통일되었습니다. 사실 중세 영어까지는 철자법이 엉망이었다고 합니다. 하지만 인쇄 기술이 발달하여 책을 대량으로 인쇄할 수 있게 되자, 철자 통일의 필요성이 대두되었습니다. 영국 최초의 인쇄업자 '윌리엄 캑스턴(William Caxton)'은 그 누구보다 철자법 통일이 절실했습니다. 그는 끈질긴 노력과 집념으로 영어 철자의 무질서함을 타파하고자 노력했습니다. 덕분에 윌리엄 캑스턴은 인쇄업자라는 본업보다는 영어 철자법 통일과 영문학의 발전에 혁혁한 공을 세운 사람으로 더욱 유명해졌지요.

철자법의 고정은 정말 좋은 일이었지만 한편으로는 부작용도 있었습니다. 영어 발음은 계속해서 변하는데 철자는 이 시기에 고정이 되어버렸기 때문입니다. 오늘날의 영어를 살펴보면 철자대로 발음되지 않는 단어가 많습니다. 시각적 기호와 청각적인 소리 간에 '일대일 대응'이 되지 않는 단어들이 많아서 영어는 발음에 확신이 없으면 크게 소리 내어 읽을 수가 없습니다. 독일어나 스페인어는 그렇지 않습니다. 단어를 몰라도 소리 규칙대로 읽으면 됩니다. 하지만 영어 철자는 이미 500여 년 전에 고정되었는데 이후 '대모음 추이'라는 현상을 겪게 되면서 영어의 소리 규칙에는 예외가 많아졌습니다. 게다가 영국 사람들은 워낙 '옛것'을 선호하는 편이라 세월이 가면서 발음은 변할지라도 철자만큼은 계속 '옛것'을 유지했다고 하지요.

근대 영어 시기에는 '굴절'이 더 약해졌습니다. 고대 영어에서는 심한 굴절이 나타났지만, 중세 영어에서부터 굴절이 약화하다가 근대 영어 시기가 되면 굴절은 거의 사라지게 된답니다. 학자들은 고대 영어는 '완전 굴절의 시기(Period of Full Inflections),' 중세 영어는 '수평화된 굴절의 시기(Period of Leveled Inflections),' 근대 영어는 '굴절 상실의 시기(Period of Lost Inflections)'를 겪었다고 표현합니다. 결국 영어는 굴절의 약화로 인해 대중들이 쉽고 편하게 말할 수 있는 언어로 진화하게 되었습니다.

놀라운 근대 영어
(Modern English)

중세 영어와 근대 영어를 구분 짓는 가장 중요한 특징은 바로 발음일 것입니다. 근대 영어가 되면서 영어의 발음에는 획기적인 변화가 생긴답니다. 특히 모음 발음이 대대적으로 변화하는 매우 파격적인 사건이 발생하는데, 학계에서는 이를 '대모음 추이(Great Vowel Shift)'라고 합니다. 어려운 전공 용어로 보이지만, 풀이하자면 모음의 발음이 확 바뀌었다는 뜻입니다. 영어학에서 꽤 중요한 사건이라 간단하게 소개하겠습니다.

15세기부터 17세기까지 영어의 모음(Vowel) 발음이 거대한(Great) 변화(Shift)를 겪게 되었습니다. 전공 수업에서는 '혀의 위치가 하나씩 올라가고 장모음이 이중모음이 되는 등 모음의 음가가 변했다'라고 배웠습니다. 즉, [e:]는 [i:]가 되고 [o:]는 [u:]가 되었습니다. [i:]는 [ai]가 되고 [u:]는 [au]처럼 이중모음이 되기도 했습니다.

　예를 들어보겠습니다. 좋아한다는 뜻을 가진 'like'는 사실 중세 영어까지는 '리크' 혹은 '리케' 정도로 발음되었습니다. 참 쉽지요. 하지만 대모음 추이로 인해 [i:]는 [ai] 소리가 되었으니 '리크'가 '라이크'로 변한 것입니다. 'find'도 원래 고대 영어에서는 '핀드'였을 것입니다. 하지만 대모음 추이로 인해 [i:]가 [ai]가 되었으니 '파인드'라고 읽게 되었습니다.

　또 다른 예를 보겠습니다. 중세 영어에서는 'My'도 '미'였습니다. 하지만 대모음 추이 때문에 [i:]는 [ai]가 되었으므로 '마이'로 소리가 변했습니다. [e:]는 [i:]가 되었으므로 'bee'는 '베'에서 '비'로 소리가 바뀌었고, 'do'는 원래 '도'로 발음되었지만 [o:]는 [u:]가 되어야 하므로 '두'로 바뀌었습니다. '후스'로 읽히던 'house'도 언제부턴가 '하우스'가 되었습니다. 대모음 추이에 의해 [u:]는 [au]로 바뀌었기 때문입니다.

　참 이상하지만, 대모음 추이의 원인은 아직도 밝혀지지 않았습니다. 이 현상을 설명하기 위한 갖가지 추측이 난무했습니다. 한 모음이 변하니 그 자리를 채우기 위해 다른 모음들이 연차적으로 변하지 않았겠느냐고 추정하는 학자들도 있었습니다. 그러나 그 누구도 확실하게 원인을 규명하지는 못했습니다.

누가 어디서 왜 시작했고 다들 어떤 연유로 따라 하게 되었는지는 모르지만, 수많은 단어의 발음을 바꿔놓은 아주 획기적인 일이었다고 역사는 기록하고 있습니다. 사실, 대모음 추이는 하루아침에 벌어진 일이 아니라 15세기부터 17세기까지 300년이라는 꽤 긴 시간 동안 진행되어온 일입니다. 그리고 모든 단어가 이 변화를 그대로 따랐던 것은 아니었으며, 끝끝내 변하지 않았던 단어도 있었다고 합니다. 심지어 전혀 다른 방향으로 변화한 단어들도 있었고, 반대 방향으로 변해서 오히려 단모음화가 진행되는 일도 있었습니다.

근대 영어 시기에는 대모음 추이, 즉 'GVS' 외에도 다양한 발음의 변화가 있었습니다. 이제 단어 끝의 모음이 강세를 받지 못하는 경우는 소리를 내지 않았습니다. 중세 영어까지는 'name'은 나메, 'stone'은 스토네, 'wine'은 위네, 'dance'는 단세로 발음되었을 수도 있습니다. 너무 친근하고 마음에 쏙 드는 발음이지요. 그런데 '이 편한 발음'이 근대 영어 시기부터는 '네임, 스톤, 와인, 댄스' 등으로 마지막 모음을 무시한 채 발음됩니다. 즉, 강세 없는 끝 모음이 '묵음'이 되었습니다.

모음뿐만 아니라, 자음의 발음도 변했습니다. 하지만 벌써 철자법이 고정되어버렸으니 소리의 변화가 철자의 변화에 반영되지는 못했습니다. 예를 들어, 어두의 [g, k]는 [n] 앞에서는 소리가 안 나는 것으로 바뀌었습니다. 그러나 'know, knight, 'knife'의 철자는 이미 예전에 고정되었기에 발음과의 괴리를 간직한 채 오늘날까지 이어져 오고 있습니다. [w]도 이제 [r] 앞에서는 소리를 내지 않게 되었습니다. 하지만 'wrong, write, wrinkle'의 철자는 이미 고정되었으니 소리가 안 나도 계속 'w'를 쓸 수밖에 없었습니다.

단어 끝에 오는 'b'도 발음을 안 하기로 했습니다. 그러나 'lamb, climb, tomb'의 철자는 이미 모두가 아는 철자로 고정되어 있으니 손을 댈 수가 없었답니다. 'half, talk, should, could, would'의 [l]도 마찬가지입니다. 소리를 내지 않게 되었지만, 철자만큼은 예전 것 그대로 썼습니다. 'castle, listen, fasten, Christmas'의 [t]도 마찬가지입니다.

강세 역시 달라졌습니다. 이와 같은 대혼란의 시기에 탄생했던 셰익스피어의 작품 속 강세는 중세 영어의 것도 아니고 현대 영어의 것도 아닌 전혀 생뚱맞은 강세였으리라 추측하는 학자들도 있답니다. 이렇게 근대 영어는 어순의 확립, 굴절의 소실, 철자법의 확립, 발음과 강세의 변화 등을 겪었습니다. 그러나 가장 중요한 변화가 하나 남아 있습니다.

바로 어휘의 '폭발'입니다. 근대 영어 시기부터는 영어가 스스로 '자의'에 의해 라틴어와 그리스어 단어들을 가져와 사용했습니다. 영어는 원래 다른 나라의 말을 들여오는 데 아주 유연했습니다. 외래어 차용에 대해 개방적인 편이었고 역사적 경험도 많았지요. 그런데 이제부터 는 필요로 인해 '자발적으로' 외래어를 가져오고 생성하기 시작합니 다. 르네상스와 종교개혁으로 당시 지식인들은 라틴어와 그리스어를 상당히 선호했다고도 알려져 있습니다.

영어 단어 중에는 '영어보다 프랑스 어휘가 더 많고, 프랑스 어휘보 다는 라틴어 어휘가 더 많다'라는 말이 괜히 있는 것이 아닙니다. 라틴 어는 영어 어휘에서 중요한 토대가 되었습니다. 현대 영어 단어 중에서 도 15~30% 정도가 라틴어 어원이랍니다.

'climax, dictionary, bonus, benefit, anatomy, multiply, exist, paragraph, inspire, pedestrian' 등이 이 시기에 라틴어에서 차용한 단 어들입니다. 조금 어려운 단어들이지요. 'grammar, logic, geometry, astronomy, drama, comedy, tragedy, climax, episode, scene, dia- logue, prologue, epilogue' 등은 그리스어에서 기원한 단어들입니다.

당시 영국에서는 산업혁명과 과학의 발달로 인해 새로운 과학 기술 용어들이 대량으로 필요했습니다. 이렇게 새로운 단어를 만들 때 특히 라틴어를 활용하거나 고대 그리스어를 가져오는 경우가 많았다고 합니 다. 중세에는 교회 때문에 종교 관련 라틴어가 영어에 유입될 수밖에 없었지만, 근대 이후에는 라틴어와 고대 그리스어를 어원으로 한 각종 '과학 기술 용어'들이 만들어진 것입니다.

이렇게 근대 영어 시기에는 새로운 단어가 마치 '폭발'하듯이 많이 생겨났습니다. 중세 영어의 아픔을 보상받기라도 하는 것처럼 말입니다. 차용을 했든 스스로 필요로 만들었든 간에, 풍부한 어휘를 가지게 된 것은 '영어'라는 언어에 아주 큰 힘이 되었습니다. 영어는 서로 다른 단어로 아주 작은 뉘앙스의 차이까지 표현할 수 있는 언어가 되었고, 다른 나라에는 없는 표현도 갖게 되었습니다. 영어 어휘와 표현의 정확성은 나날이 커졌으며, 오히려 다른 나라에서 영어 표현을 차용해야 하는 상황이 생기기도 하였습니다.

세계인의 언어가 된 '영어'

근대 영어 시기를 거치면서 영어는 다른 어떤 언어와 견주어도 손색없는 훌륭한 언어가 되었습니다. 학자들은 17세기에 이르러 영어가 '완전히 성숙하였다'라고 평가합니다. 수 세기에 걸쳐 진행되어온 복잡하고 다양한 변화와 발전, 차용 등이 17~18세기가 되면서 모두 균형을 이루고 정리되는 양상을 보였습니다. 이 시기의 학자들은 평민들이 사용해온 영어에도 관심을 가졌고 평민들은 학자들이 쓰는 영어를 배우고자 하였으며, 런던을 중심으로 '영어'가 통일되는 모습도 보였습니다.

영어로 문학작품을 남기는 것은 이제 당연한 일이 되었습니다. 제프리 초서가 한몫을 톡톡히 했지요. 사전도 편찬되었습니다. 1755년이 되면 새뮤얼 존슨(Samuel Johnson)이라는 인물이 혼자 힘으로 '영어사전(A Dictionary of English Language)'을 만드는 거룩한 업적을 남깁니다. 1795년에는 '영어 문법책'도 등장했습니다. 라틴어 문법 체계를 영어에 적용하였으며, 학교에서도 영어 문법을 가르치게 되었습니다. 어휘와 문법, 철자법과 발음 모두 체계가 잡혔습니다. 무엇보다 이제부터는 영국이라는 국가의 힘이 강해져서 그 누구도 쉽게 브리튼섬을 노릴 수 없게 되었습니다. 영어 역시 더는 시련이나 아픔을 겪지 않았습니다. 훌륭한 작가들의 영문학 걸작들이 쉴 새 없이 쏟아져 나오면서 '영어'와 영문학은 전에 없던 전성기를 누리게 되었답니다.

브리튼섬에 갇혀 있었던 '영어'는 대영제국의 팽창과 더불어 섬 밖으로 나올 수 있었습니다. 대영제국은 군사적, 정치적, 경제적, 과학적, 문화적 발전을 이루며 세계적인 강대국으로 도약하였고, 그들의 언어인 영어는 '제법 유용한 외국어'가 되었습니다. 조그만 섬나라 영국이 '해가 지지 않는 나라'로 불리며 전 세계로 뻗어갈 줄 누가 알았겠습니까? 프랑스어에 밀려서 백성들만 쓰던 영어가 이렇게 전 세계 곳곳으로 퍼져나갈 거라고는 아무도 상상하지 못했을 것입니다.

영어의 언어 제국주의를 비판하는 사람들도 많습니다. 그러나 누군가 비판하고 제어할 겨를도 없이 19세기와 20세기를 거치면서 영어는 갑자기 국제적인 언어가 되어버렸습니다. 식민지의 공용어가 되기도 했고, 수백 개 혹은 수천 개의 언어가 존재했던 국가들의 근대화를 재촉하는 언어로 사용되기도 했습니다. 문제는 일부 국가의 식민지 지배나 근대화가 끝난 후에도 언어 사용을 예전으로 되돌릴 수 없었다는 점입니다. '영어'라는 싹이 순식간에 무럭무럭 자라버렸기 때문이지요. 언어가 이렇게 무섭습니다.

게다가 미국은 20세기의 다양한 역사적 사건들, 특히 두 차례의 세계대전을 거치며 또 하나의 강대국이 되었습니다. 그들이 사용했던 '미국 영어' 역시 영향력이 커질 수밖에 없었겠지요. 미국은 영국으로부터 정치적으로 독립하기 위해 최선을 다하였지만 '영어'에서만큼은 독립하지 못했습니다. 프랑스어보다는 영어가 낫다는 마음이었을지도 모르지만, 어쨌든 영어는 미국의 공식적인 언어로도 자리를 잡게 되었습니다. 그리고 미국의 예상치 못한 급성장으로 영어의 세계화는 더욱 탄력을 받았습니다.

영어가 오늘날의 과학, 의학, 무역, 방송, 컴퓨터, 통신, 예술 분야에서 널리 사용된다는 점은 사실 엄청난 일입니다. 거의 모든 분야에서 두루 쓰이기 때문에 세계인들은 영어를 배우지 않을 수가 없습니다. 좋든 싫든 선택의 여지가 없는 경우도 많습니다. 영어를 하나도 모르는 의사 선생님을 상상해보셨습니까? 그 많은 의학 용어와 전공 서적, 학회 활동, 학술대회에서 모두 영어가 쓰이니 한국 의사, 일본 의사, 저 멀리 이집트 의사도 영어를 배워야만 하는 상황입니다. 컴퓨터 프로그래밍에도 영어가 쓰이고, 각종 학술 논문도 영어로 작성되고 있습니다.

세계 무역 시대에 외국과의 실용적인 교역과 교류를 위해서도 영어를 사용해야만 합니다.

하지만 영어의 힘이 지나치게 막강해져서 다른 언어의 다양성을 위협할 수도 있다는 점은 매우 우려됩니다. 우리나라 아이들도 요즘은 아주 어려서부터 영어를 배웁니다. 그런데 만약 이 아이들이 영어를 공부하는 데 너무 치우친 나머지, 한국어 사용 능력은 제대로 발달하지 못한다면 이는 훗날 큰 문제가 되겠지요. 같은 의미를 지닌 우리말이 있어도 영어 단어만을 선호하고 더 많이 사용하다 보면 나중에는 영어 단어가 우리말 단어를 완전히 대체할지도 모를 일입니다. 만약 전 세계적으로 이러한 현상이 공통으로 발생한다면 지구상의 언어 다양성이 확연히 줄어들 것입니다.

앵글로색슨족이 싹을 틔웠던 '영어'는 이렇게 심각하게 언어 다양성 감소 걱정까지 해야 할 만큼 세계적으로 막대한 영향력을 지닌 언어가 되었습니다. 역사는 늘 많은 것을 가르쳐줍니다. 저는 역사 속에서 영어가 항상 '잘 나가는 말'은 아니었다는 점을 주목하고 싶습니다. 위기를 유연하게 잘 넘기면서 오히려 기회로 삼고 끈질기게 살아남았다는 점, 그리고 '민중의 힘'도 다시 한번 되짚어봅니다.

우여곡절 끝에 영어는 지금 역사상 최고의 전성기를 맞이하였습니다. 하지만 또 어떻게 변할지는 아무도 모릅니다. '역사와 언어는 늘 변하는 것'이라는 것 또한 변치 않는 사실이니까요. 지금은 우리가 이렇게 영어 공부를 열심히 하고 있지만, 또 한편으로는 다음과 같은 상상도 해봅니다.

'언젠가는 영어의 기세가 꺾이고, 여러 가지 면에서 훨씬 뛰어난 우리말이 세계적으로 널리 쓰이는 순간도 오지 않을까요?'

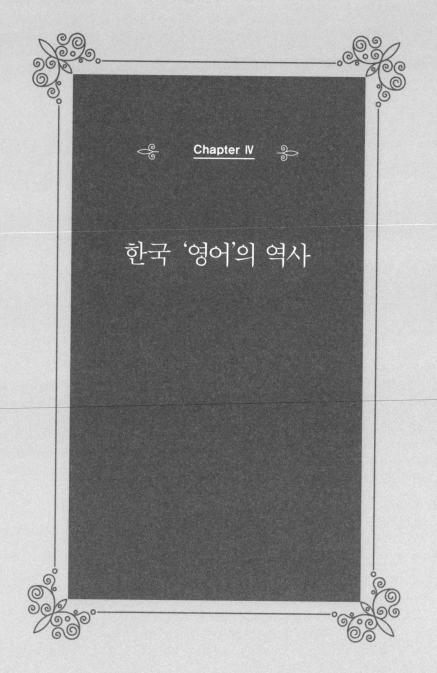

Chapter IV

한국 '영어'의 역사

영어와의 첫 만남

간략하게나마 영어의 역사를 훑어보았습니다. 영어영문학과 전공 수업에서는 영어의 역사를 훨씬 더 자세하게 다루지만, 굵직굵직한 사건들과 전체적인 흐름만 살펴보아도 '영어'라는 언어를 이해하는 데 큰 도움이 된답니다. 그러나 아직도 풀리지 않는 궁금증이 하나 남아 있습니다. 영어는 도대체 언제, 그리고 왜 우리나라에 찾아왔을까요? 영어를 처음으로 우리나라에 소개한 사람은 또 누구였을까요? 처음 영어를 접하셨을 때 우리 조상님들의 반응은 어떠했을까요?

대학에서 이러한 부분까지 세세하게 공부하지는 않았기에 개인적인 호기심에 이끌려 여러 가지 자료를 검색해보고 책도 찾아 읽었습니다. 혼자만 알고 있기에는 재미있고 의미 있는 내용이 많았고, '영어'를 이해하고 공부하는 과정에서 도움이 되는 것들도 꽤 있었기에 아주 간단하게 한국 '영어'의 역사를 소개해볼까 합니다.

1614년, 조선 중기의 학자 이수광은 저서 『지봉유설』에서 '영결리국'을 소개했습니다. '영결리국'이라는 표현은 '잉글랜드'를 한자로 쓴 것이 아닐까 추정됩니다. 비록 '영어'에 대한 언급은 없었지만, 영국이라는 나라의 존재를 처음으로 조선에 알렸다는 점에서 의의가 있습니다.

　1653년에 네덜란드 동인도회사 소속의 하멜(Hendrik Hamel)은 36명의 일행과 함께 나가사키로 가던 중에 그만 태풍을 만나고 말았습니다. 본의 아니게 제주도에 도착했던 그들은 우여곡절 끝에 당시 임금 효종과 박연(네덜란드인)을 만나게 되었지만, 결국 전남 강진에서 유배 생활을 하고 맙니다. 외국인에 대한 경계가 심해서 조선에 온 외국

네덜란드
호린험에 세워진
헨드릭 하멜의 동상.

인은 절대 자신의 나라로 돌려보내지 않았던 시절이었습니다. 시대를 잘못 만난 이들은 고된 노역과 생활고에 시달리면서 예상치도 못한 13년의 세월을 조선에서 보냈습니다. 그중 20명가량은 안타깝게도 먼저 세상을 떠났지만, 하멜을 비롯하여 간신히 살아남은 사람들은 어떻게 용하게 조선 땅을 탈출하고 고국으로 돌아가 『하멜표류기』를 남겼습니다. 『하멜표류기』는 조선을 유럽에 소개한 최초의 문헌이었지만, 사실 13년간의 노동에 대한 임금을 청구하고자 회사에 제출했던 보고서이기도 했습니다.

여기서 중요한 점은 하멜이 어느 정도의 영어를 구사하고 있었고, 하멜과 같이 조선에 들어온 일행들 가운데 스코틀랜드 사람 알렉산더가 있었다는 사실입니다. 논란이 있기는 하나, 이와 같은 『효종실록』 기록이 정말 사실이라면 아마도 이들이 우리 땅에서 꽤 장기간 영어를 사용했었던 최초의 서양 사람들이 아니었을까 추측됩니다.

1797년이 되자, 영국 선박 하나가 부산항에 들어왔습니다. 『정조실록』에 따르면 당시 경상도 관찰사 이형원은 영국 선박 접촉 보고서에 "이들은 한어, 청어, 왜어, 몽골어를 모두 모르며, 붓을 주어 쓰게 하였더니 그 모양새가 구름과 산 같은 그림을 그려 알 수가 없었습니다."라고 기록했다고 합니다. 이후 1801년의 『순조실록』에는 "왜가리가 시끄럽게 지절거리는 소리를 하는 서양인들의 배가 와서 글을 쓰라고 하니 왼쪽부터 횡서로 쓰는 것이 그림도 아니고 글자 모양이 꼬부라져 난잡하기가 엉클어진 실 같았다."라는 내용이 적혀 있다고 하지요. 서양 언어에 대한 조상님들의 반응이 재미있습니다.

1816년에는 영국해군이 이끄는 함선이 마량진에 정박하였고, 조선인에게 영어로 된 성경책을 건네주었다는 기록도 있습니다. 아마 조선 땅에 최초로 영어 서적이 들어왔던 순간이었을지도 모릅니다. "나는 당신들의 말을 한마디도 알아들을 수 없습니다.(I don't understand one word you say.)"라는 문장을 남겼다고도 전해집니다.

이렇게 배를 탄 외국인들이 계속해서 나타나고 실학과 서학, 천주교의 영향으로 서양에 대한 거부감도 잦아들면서 조선에서는 과거 하멜 일행을 대할 때와는 사뭇 다른 분위기가 형성되기 시작했습니다. 시간이 가면서 조선 사람들도 점차 영어와 알파벳에 관심을 보였습니다. 1857년 조선 후기 실학자 최한기가 쓴 『지구전요』라는 책을 보면 '埃(애) 碑(비) 媤(시) 地(지) 依(의) 鴨符(압부) 芝(지)' 등의 기록이 있습니다. 알파벳을 한자로 음역해놓은 것입니다. 최한기 선생은 알파벳에 대하여 아주 재미있는 글을 남겼습니다.

"흩어 놓은 즉 무궁하고, 합하여 놓은 즉 일정하여 그 용법이 헤아릴 수 없이 많으나 삼척동자도 익히 배울 수 있다."

매우 바람직했던 영어 교육

개방의 분위기가 무르익어가는 가운데 1882년에는 조선과 미국이 첫 수교를 맺게 됩니다. 그러나 당시 조선에는 영어를 제대로 하는 사람이 없었습니다. 수교를 맺어야 하는데 제대로 통역할 조선 사람이 없었습니다. 아쉬운 대로 청나라 사람의 도움을 받아 수교를 맺었습니다. 청나라 사람이 영어를 듣고 청나라말로 통역해주면, 청나라말을 알아듣는 조선 사람이 이를 해석해서 다시 담당자에게 알려주는 방식이었습니다. 참으로 번거로운 의사소통이 아닐 수 없습니다. 이렇게 어렵고 복잡한 통역 구조는 많은 오해와 불편을 초래했을 것입니다. 수교도 수교지만 그 후에 이어지는 교역 또한 걱정이었겠지요. 번번이 청나라 사람을 불러 불편하게 대화할 수도 없는 노릇이니 조선의 고민도 깊었을 것입니다.

그 무렵 국제적인 회의나 모임도 많이 생겨났습니다. 하지만 외국 어딘가에 사절단을 보내려 해도 도통 영어를 잘하는 사람이 없었으니 일본인이나 중국인을 조선 대표로 보내야 할 판국이었습니다. 그들이 가서 무슨 말을 하고 올지도 모르고, 설령 엉뚱한 소리를 하고 오더라도 확인할 방법조차 없었습니다. 게다가 슬슬 탐욕을 드러내기 시작하는 일본을 견제하기 위해서는 우리가 직접 국제무대로 나가 영어로 대화하는 것이 최선이었을 것입니다.

교역과 영어 교육의 필요성을 절감했던 고종 황제는 한미수교 다음 해인 1883년에 '동문학'을 만들어 영어 통역관을 육성하기 시작합니다. 드디어 조선에도 영어를 가르치는 학교가 생긴 것입니다.

동문학이 건립되었던 그해 7월, 우리나라 최초의 서양 외교사절단은 세계적인 도시 뉴욕을 방문하고 충격에 빠지고 말았습니다. 전구와 전기의 발명 덕분에 뉴욕의 밤은 화려하게 빛났고, 기다란 기차가 많은 사람을 태우고 철로를 힘껏 달렸습니다. 이들의 '미국 경험담'은 고종황제의 마음도 움직였는지 그로부터 4년 후 조선 왕실은 '의대순(義大淳)'이라 불리는 에디슨(Thomas Edison)의 전등 회사와 계약을 맺고 동양 최초로 경복궁에 전깃불을 밝혔습니다.

1886년이 되자, 고종 황제는 지금의 서울시립미술관 터에 조선 최초의 관립 영어 학교인 '육영공원'을 세웁니다. 육영공원의 미국인 교사들은 프린스턴, 오베린, 다트머스 등 '일류학교를 나온 재원들'이었다고 전해집니다. 이들은 영어 원서로 학생들을 가르쳤고 강의도 영어로 진행했습니다. 이 선생님들이 우리말을 못 하시니 어쩔 수 없는 상황이었겠지만, 완벽한 영어 몰입교육이 자연스럽게 이루어진 셈입니다. 야심차게 출발했던 육영공원의 설립 목적은 다음과 같습니다.

오늘날 여러 나라의 국가 간 교제(交際)에서 가장 중요한 것이 어학(語學)이다. 이를 위해 공원(公院)을 설립하여 젊고 총민한 사람을 선발하여 학습하게 한다.

고종 황제는 직접 육영공원을 찾아가 영어시험 감독을 하기도 하였고, 우수한 성적을 거둔 자에게는 관직도 내릴 만큼 영어에 대한 열의가 대단하였습니다. 선교사들도 줄줄이 배재학당과 이화학당 등 여러 서양식 학교들을 세워 영어를 가르치게 되었으니, 영어를 배우는 조선 사람들의 숫자도 점점 많아졌습니다. 학생이 다 차지 않은 영어 학교가 없을 정도로 당시 영어 열풍은 가히 '상상 초월'이었다고 합니다. '정동 거리에는 영어를 말하면서 지나가는 한국인들이 있었다, 영어를 말하는 기생도 있었다, 영어 문패를 다는 사람도 있었다, 영어로 명함을 만드는 지방 군수도 있었다' 등의 목격담 중에서 어디까지가 진실인지는 모르겠지만, 영어가 조선 사람들을 매료시킨 것만은 분명했습니다.

복원된 배재학당 동관(배재학당 역사박물관). 고종 22년(1885년) 7월 아펜젤러 목사가 서울에 들어와 두 칸짜리 방의 벽을 헐고 조그마한 교실을 만들어 수업을 시작함으로써 한국 근대학교의 역사가 시작되었다. 영어·천문·지리·생리·수학·수공·성경·한문 등을 가르쳤고, 연설회·토론회와 같은 의견발표 훈련도 병행했으며 정구·야구·축구 등 스포츠 과목도 두었다.

당시에는 거의 원어민 선생님들이 '영어'로 영어를 가르쳤고, 외국인과의 원활한 의사소통을 위한 실용적인 영어 교육을 추구했습니다. 의사소통 능력과 영어 회화 실력이 무엇보다 간절히 필요했던 시기였으므로 문법이나 독해 공부보다는 '듣기, 말하기, 읽기, 쓰기' 네 가지 스킬 모두를 균형 있게 고루 가르쳤을 가능성이 큽니다.

이는 사실 오늘날의 영어 교육 과정이 지향하는 최종 목표이자, 모두가 희망하는 바람직한 영어 교육 방식입니다. 그런데 이미 조선 시대에는 이렇게 이상적인 영어 교육이 실행되고 있었다고 하니 참으로 놀

라운 일이 아닐 수 없습니다. 조선 후기의 실학자 다산 정약용 선생이
지은 아동용 한자 학습서 『아학편』을 지석영과 전용규 선생이 편집한
책을 보면 우리말과 한자, 일본어와 영어까지 기재되어 있습니다. 'rice'
를 '으라이스'로 표기하고 'orange'를 '오란쥐'로 기록한 조선 시대의
영어 교재를 보고 있자면 그저 놀라울 따름입니다. 우리보다 조상님들
의 영어 발음이 더 좋았을지도 모른다는 생각도 듭니다.

 1891년에 한국을 찾았던 영국의 작가이자 화가 아놀드 헨리 새비지
랜더(Arnold Henry Savage Landor)가 쓴 『조선 또는 한국: 고요한 아침
의 나라(COREA or CHO-SEN: The Land of the Morning Calm)』라는 책
에는 이렇게 기록하기도 했습니다.

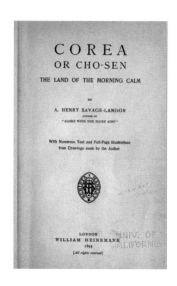

아놀드 헨리
새비지 랜더가 쓴
『조선 또는 한국
: 고요한 아침의 나라』

"내가 가르치던 조선인은 처음에는 F랑 P의 발음도 구별하지 못했는데 두 달이 지난 지금은 하루에 영어 단어를 200개씩 외우고 영어 해석과 회화도 나날이 발전해서 매우 놀랍다. 조선인들의 언어 습득 능력이 우월한 것처럼 보인다."

조선 시대에는 영어 교육 방식도, 영어 선생님도, 영어를 배우는 학생들도 어쩌면 지금보다 더 훌륭하고 이상적이었던 것 같습니다. 아주 '바람직한 영어 교육'이었다고나 할까요?

한국 '영어'의 근현대사

서재필(최초의 미국 시민권자), 유길준, 이하영, 이완용(친일파), 이승만
(최초의 영어 연설자, 프린스턴 대학원) 등은 영어에 아주 능했던 인물들
로 알려져 있습니다. 유길준은 우리나라 최초의 서양 외교사절단으로
뉴욕을 방문했던 인물 중 한 사람이기도 합니다.

구한말의 외교관이자 정치가였던 이하영이라는 사람 역시 영어 하
나로 꽤 드라마 같은 인생을 살았던 사람입니다. 그는 가난한 집안에
서 태어나 정규 교육을 제대로 받지 못했으며, 어떤 문헌에서는 '찹쌀
떡을 팔러 다니던 사람'으로 기록되기도 합니다. 하지만 이하영은 우연
한 기회에 미국인 선교사 알렌을 만나 영어를 배웠습니다. 그리고 초대
주미 공사관, 한성부 관찰사, 주일 전권대사, 외상, 법상의 지위까지 오
르면서 이른바 '팔자에도 없는 출세'를 하게 되었답니다.

금산 이하영 초상.

그의 출세에는 물론 다양한 이유가 있었겠지만 남다른 '영어' 실력
은 분명 큰 도움이 되었을 것입니다. 이하영은 당대에서 영어를 가장
잘했던 사람으로도 기록되고 있습니다. 비록 훗날 친일 행적을 보이며
'을사삼흉'으로도 불리고 있기에 결코 존경받을 수 없는 인물이지만,
신분제가 남아 있었던 조선 시대에서 '영어' 덕분에 상상도 할 수 없을
만큼 높은 자리에 오르게 되었다는 사실만큼은 놀라울 따름입니다.

조선 시대에는 영어를 잘하면 출세를 할 수 있었습니다. 영어를 잘
하면 관직에 오르기 유리했고, 운이 좋으면 타고난 신분도 뛰어넘을 수
있었습니다. 지금의 이야기가 아니라 조선 시대의 이야기입니다. 외국

과의 교류가 활발해지면서 영어에 대한 수요는 더 많아졌습니다. 그러나 나라에 영어를 잘하는 사람이 많지는 않았습니다. 영어를 할 줄 알면 '서자의 아들'이나 '찹쌀떡을 팔던 사람'과 같은 과거 이력은 크게 중요하지 않았습니다. 배재학당의 교장 아펜젤러의 회고록에는 "조선 사람에게 왜 영어를 공부하느냐고 물으면 변함없이 십중팔구는 '출세하기 위해서'라고 대답한다."라는 말이 적혀 있다고 합니다. 조금 씁쓸하기는 하지만 당시 시대상을 여실히 보여주는 대목이기도 합니다.

조선 시대의 '영어 실력'은 신분 상승의 지름길이자 출세의 기회, 그리고 입신양명을 위한 하나의 무기였을 것입니다. 원어민 선생님들은 회화 위주의 실용 영어 교육과 몰입교육을 시행하였고 일부 학습자들은 '출세'라는 강력한 학습 의지와 동기를 바탕으로 열심히 영어를 익혔습니다. 게다가 국가의 전폭적인 지원까지 있었습니다. 국왕이 영어 교육에 앞장섰고, 친히 영어 교육 기관까지 건립하며 적극적인 관심을 표현했습니다. 그러나 그렇게 모든 것이 기가 막히게 완벽하고 성공적이었던 '조선 시대의 영어 교육'은 계속해서 승승장구하지 못하고 어느 순간 일제히 무너지고 말았습니다.

조선의 이상적인 영어 교육은 일제강점기를 거치면서 큰 변화를 겪게 됩니다. 아주 부정적인 변화였으니 변화가 아니라 '악화'라고 하는 것이 더 좋겠습니다.

일단 미국 원어민 선생님들이 사라졌습니다. 대신 일본 사람들이 그 자리를 채웠습니다. 이제 영어 회화 수업은 불가능한 일이 되었습니다. 일본 영어 선생들은 절대적인 영어 실력이 부족했을 테니 그저 문법책만 주야장천 가르쳤을 것입니다. 문법책에는 억지로 일본 사람들이 만든 기괴한 한자식 문법 용어들이 가득했습니다. 영어 시간인데 난데없이 '부정사'나 '관계대명사'와 같은 어려운 일본식 한자어들을 공부해야 했습니다. '의사소통 중심 교수법'이 아니라 '문법 번역식 학습법'으로 되돌아갔습니다. 영어 교육이 퇴보하고, 별안간 '한국 영어의 침체기'가 도래하였습니다.

1920년 〈조선일보〉에는 보성교 학생들이 영어 수업을 거부했던 사건에 관한 기사가 나옵니다. "일본인은 원래 발음이 불량하여 그 발음대로 배워서는 도저히 세상에 나가서 활용할 수 없으니 다른 조선 사람으로 영어 교사를 변경하여 달라."는 내용입니다. 일본 영어 교사들의 발음이 어느 정도였는지 가히 짐작됩니다. 수업 방식도 눈에 선하지요. 혹시 일본은 조선 사람들이 영어를 너무 잘할까 봐 두려워서 일부러 그런 식으로 가르쳤던 것은 아닐까요? 외국인을 만나면 절대 영어로 유창하게 의사소통하지 못하도록 최선을 다했던 것은 아니었을까요? 일본인들이 '엉터리' 영어 교육으로 교활한 '큰 그림'을 그리고 있었던 것은 아니었을까 의심스럽기만 합니다.

이렇게 시대를 거스르면서 학습 효과마저 현격히 떨어뜨리는 '일본 스타일의 영어 학습법'은 결과적으로는 조선 사람들의 '영어 흥미 및 실력 감소'에는 아주 성공적이었습니다. 그리고 '재미없어진 영어'보다는 일본어를 가르치는데 더 많은 시간을 보냈을 것입니다. 문법 시험 위주의 영어 교육도 어쩌면 그때부터 시작되지 않았을까 조심스럽게 예상해봅니다. 하지만 일본식 영어 교육의 부작용은 생각보다 오래 지속되었습니다. 지금도 우리가 말도 안 되는 일본식 문법 용어를 사용하고 익히고 있다는 점은 특히 뼈아픈 부분입니다. 오늘날에도 우리 학생들은 이해하지 않아도 되는 어려운 문법 용어들을 이해하기 위하여 애쓰고 있습니다. 쉽고 재미있게 배울 수도 있는데, 일본 때문에 괜히 어렵고 힘들게 영어를 공부하고 있다고 생각하면 더더욱 속상합니다.

독립과 한국전쟁, 분단을 겪은 후 우리나라는 미국을 비롯하여 세계 여러 나라와 더욱 활발하게 교류하였습니다. 영어는 또다시 '매우 중요한 외국어'가 되었습니다. 두 차례의 세계대전을 거치며 승리국의 언어이자 세계공용어가 된 영어는 국제적으로도 영향력이 커졌습니다. 그리고 우리나라는 비약적 발전을 하며 세계적 수출 강국이 되었습니다. 경제적인 이유로도 영어 공부를 하지 않을 수 없었습니다. 20세기 중후반을 살았던 사람들은 정말 열심히 영어를 배우고 익혔으며, 부모님들은 자식들의 영어 공부를 아낌없이 지원하셨습니다. 각종 영어 산업

또한 발달하였고, 우리나라 사람들의 전반적인 영어 실력도 많이 향상되었습니다. 이제 한국을 방문하는 외국인들이 의사소통 때문에 곤란함을 겪는 일은 거의 없을 정도입니다. 영어 교육체계도 여러모로 성숙해진 덕분에 요즈음은 기가 막히게 영어를 잘하는 학생들도 많고, 수능 영어시험도 굉장히 어려워졌습니다. 미국 사람들도 깜짝 놀랄 정도입니다.

이 모든 일은 아주 짧은 시간 동안 이루어진 변화입니다. 한국에서의 영어 교육의 역사는 150년이 채 되지 않는답니다. 그 짧은 시간 동안 참으로 많은 우여곡절과 굵직굵직한 변화들이 있었습니다. 그러나 뭔가 아쉬움이 가시지를 않습니다.

만약 일본의 '방해' 없이 조선 시대의 영어 교육이 쭉 이어져 왔으면 어땠을까 하는 생각이 계속 머릿속을 맴돕니다.

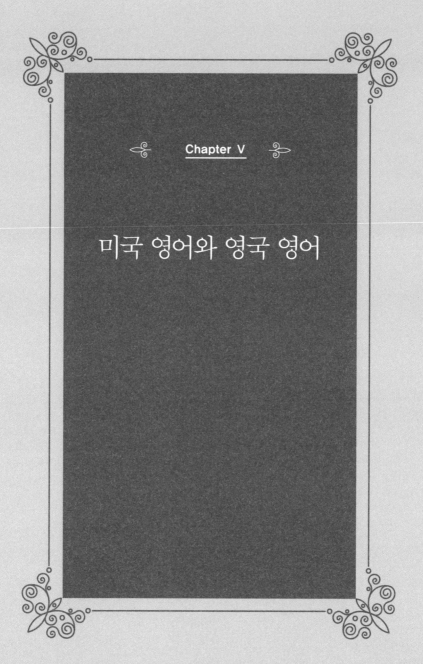

Chapter V

미국 영어와 영국 영어

미국 영어 vs 영국 영어

21세기 국제화 시대에 굳이 '미국 영어(American English)'와 '영국 영어(British English)'를 구분하고 차이점까지 알아볼 필요가 있을까 하는 생각도 들지만, 미국 영어와 영국 영어를 살펴보는 것은 영어의 다양성을 이해하는 데 큰 도움이 됩니다. '영어'가 절대 진리가 아니라 계속해서 변화하는 '말'이라는 것을 실감하는 데 이만한 '비교와 대조'는 없답니다. 영화를 보거나 여행을 갈 때도 제법 유익하므로 '미국 영어'와 '영국 영어'의 차이점에 관하여 아주 간략하게 소개해보겠습니다.

사실 17세기 이전에는 '영국 영어'밖에 없었습니다. 윌리엄 셰익스피어도 '미국 영어'라는 말은 상상조차 못 했을 것입니다. 아메리카 대륙에서 16세기를 살았던 사람들도 훗날 그 땅에서 '영어'라는 언어가 사용될 것이라고는 전혀 예상치 못했겠지요. 하지만 우리는 지금 미국에서 '영어'를 사용하는 것이 아주 당연한 시대를 살아가고 있습니다. '영어!' 하면 영국보다 미국을 먼저 떠올리는 사람도 있을 것입니다. '미국 영어'와 '영국 영어'가 발음이나 철자 면에서 이런저런 차이가 있다는 걸 이미 알고 있는 사람들도 많습니다.

Q. 우리가 배우는 영어는 '미국 영어'일까요 '영국영어'일까요?

정답은 '미국 영어'입니다. 우리나라 학생들은 주로 '미국 영어'를 공부합니다. 영국에 있는 학교로 유학을 하기 위해 따로 준비하는 경우가 아니라면 일반적으로 우리에게 더 친숙한 것은 '미국 영어'입니다. 학교에서 배우는 영어 교과서도 '미국 영어'를 기본으로 편찬됩니다. 영어 듣기 평가의 발음도 거의 '미국 영어' 발음이랍니다. 요즈음은 간간이 영국이나 호주 영어 발음도 섞여 나오지만, 기본적으로는 미국 영어 발음이 가장 많이 들립니다. 그러나 모든 나라가 다 그런 것은 아닙니다. 영어는 국제적인 언어로서 전 세계 수많은 국가의 사람들이 사용하고 있으므로 '영국 영어'를 배우는 나라도 있고 '미국 영어'를 배우는 나라도 있습니다. 사실 지금은 워낙 국가 간 이동과 교류가 많아 영어를 양분할 필요도 없고 완전히 양분할 수도 없지만, 몇몇 사례를 살펴보면 다음과 같습니다.

역사적으로 영국과 관련이 있었던 국가들은 주로 영국식 영어를 배우고 사용했습니다. 남아시아 국가들, 남아프리카공화국을 비롯한 일부 아프리카 국가들, 뉴질랜드, 싱가포르와 말레이시아, 일부 동남아시아 국가들, 그리고 한때 영국의 식민지였던 홍콩 등에서는 영국 영어를 주로 사용했습니다. 그리고 국제 연합(UN), 유럽 연합(EU), 국제 올림픽 위원회(IOC), 북대서양 조약기구(NATO), 세계무역기구(WTO) 등의 국제기구들도 대체로 영국식 영어를 사용하고 있습니다.

미국식 영어를 배우고 사용하는 국가들은 과거에 영국의 식민지가 아니었던 아메리카 대륙의 국가들과 아프리카 국가들, 러시아를 포함한 동유럽 일부 국가들입니다. 그리고 우리나라 대한민국이 미국 영어를 배웁니다.

미국과 지리적으로 가장 인접한 국가이지만 캐나다의 경우에는 '미국 영어'를 사용하는 국가에는 포함되지 않습니다. 그렇다고 캐나다가 완전히 '영국 영어'를 따르는 것도 아닙니다. 최근의 학자들은 캐나다의 경우 독자적인 '캐나다 영어'를 사용한다고 이야기하기도 합니다. 인도 영어와 호주 영어도 요즈음은 독자성을 인정받고 있습니다. 지금은 영국 영어의 정통성만을 강조하기보다는 전 세계 영어 사용자들의 다양성과 개성이 존중되는 추세랍니다. 따라서 독자적으로 인정되는 영어는 앞으로 더욱 많아질 것으로 예상됩니다.

미국 영어

1607년, 존 스미스(John Smith) 선장의 지휘하에 영국 사람들이 미국 버지니아(Virginia) 해안에 도착했습니다. 그들은 영국에서 나고 자라 '영국 영어'를 모국어로 구사하던 사람들이었습니다. 셰익스피어의 작품을 즐겨 읽었던 사람들이었으며, 엘리자베스 왕조의 영어(Elizabethan English)를 쓰던 사람들이었습니다. 종교의 자유를 찾아 메이플라워호(Mayflower)에 올랐던 영국의 청교도인들은 주로 미국 동부 해안에 정착했습니다. 이윽고 영국 사람들은 미국 동부 해안 근처에 13개의 식민 주를 형성하기에 이릅니다. 학자들은 이 시기를 '미국 영어 형성의 1단계'라고 부릅니다. 하지만, 주로 영국 영어를 쓰던 사람들이 이주해오던 시기였으므로 미국과 영국 간 언어적인 차이점은 거의 없었습니다.

18세기 후반부터 미국에서 남북 전쟁이 발발했던 1861년 즈음까지를 대개 '미국 영어 형성의 2단계'라고 합니다. 동부 해안에 모여 살던 사람들이 애팔래치아 산맥(Appalachian Mountains)을 넘어 신대륙 전역으로 이동하던 시기였습니다. 서부로의 활발한 이동 덕분에 미국에는 새로운 주들이 여럿 만들어졌습니다. 이 시기에는 영국인뿐만 아니라 아일랜드 사람들과 독일 사람들, 그리고 네덜란드 사람들과 스웨덴 사람들까지 대열에 합류하였습니다. 1845년의 아일랜드 감자 흉년과 1848년에 유럽 곳곳에서 일어났던 혁명 등이 당시 유럽인들의 이주에 직접적인 원인이 되었다고 알려져 있습니다. 그리고 같은 나라 출신의 사람들은 함께 모여 사는 양상을 보였습니다. 예를 들어 독일인들은 펜실베이니아(Pennsylvania) 지역과 미국 중서부 지역에 주로 정착하였답니다.

'미국 영어 형성의 3단계'는 19세기 중후반부터입니다. 다양한 국적을 가진 사람들이 부푼 꿈을 안고 아메리카 대륙에 발을 디디고 열심히 터를 잡던 시기였습니다. 19세기에는 거의 백만 명가량의 북유럽 스칸디나비아인들이 아메리카 대륙에 정착했습니다. 당시 노르웨이와 스웨덴 인구의 20%가량이 미네소타(Minnesota)나 미시시피(Mississippi) 북부 지역으로 이주했다는 말도 있습니다. 루이지애나주(Louisiana)에는 주로 프랑스인들이 살고 있었고, 체코와 슬라브, 이탈리아 사람들은 미시간(Michigan) 지역을 중심으로 정착했습니다. 스페인을 비롯한 남부 유럽 사람들도 미국 곳곳에 자리를 잡았습니다. 20세기에는 중국과 일본, 한국을 비롯한 아시아인들도 태평양 연안에서 새로운 삶을 시작하였습니다. 아프리카인들 또한 아메리카 대륙 곳곳에서 새로운 터전을 일구었습니다.

미국 땅에서 새로운 삶을 시작하고자 했던 사람들 모두 처음에는 각자의 모국어를 그대로 가지고 와서 사용했을 것입니다. 하지만 시간이 지나고 세대가 바뀌면서 이들의 언어는 '영어' 속에서 흡수되고 통합되는 과정을 겪었습니다. 전 세계 사람들의 다양한 언어는 어느덧 '용광로(melting pot)'와도 같은 '미국 영어'로 발달하게 된 것입니다. 이주자들을 끊임없이 받아들이는 특수 상황에서 '오리지널 영국 영어'가 그대로 이어져 내려오는 것은 현실적으로 불가능한 일이었을 것입니다. 언어는 살아있는 유기체와도 같아서 항상 변화하고 움직이는 속성을 가지고 있으니까요. 대규모로 이주해오는 민족이 없었던 우리나라도 100년 전 우리말과 지금의 우리말이 서로 이렇게 다른데, 그 많은 민족이 숱하게 이주해오는 상황에서 모두 '영국 영어로 대동단결' 할 수는 없었을 것입니다.

게다가 미국 땅이 그렇게 넓은데 천편일률 다 똑같은 '영어'를 사용할 수도 없습니다. '미국 영어' 안에서도 당연히 수많은 방언이 생겨났을 것이며, 철자나 어휘, 발음, 속어 등에서도 다양성이 발달했을 것입니다. 하지만 지나친 언어적 다양성은 국가적으로는 그리 좋은 일이 아니었을 테니 미국의 영어학자들은 'American Spelling Book'이나 'American Dictionary of the English Language' 등을 편찬하면서 언어적 통일을 추구하고 '표준'을 만들기 위하여 열심히 노력하였습니다.

미국 영어의 역사에서 또 하나 재미있는 점은 영국으로부터 정치적 독립은 그토록 갈구하면서도 영어만큼은 계속 사용했다는 것입니다. 유럽에서 온 수많은 국적의 이주민들은 프랑스어 사용보다는 영어 사용을 선호했으며, 덕분에 영어가 굳건히 자리를 지킬 수 있었다고도 전해집니다. 그리고 두 차례의 세계대전을 거치면서 미국은 승전국이 되었고, 전쟁으로 인한 상업적 이익과 경제적 번영까지 누릴 수 있었습니다. 미국이 짧은 시간 내에 눈부신 경제 성장을 이룩하면서 세계 초강대국으로 급부상하였으니 '미국 영어' 역시 독자적으로 성장하고 발달할 수 있었겠지요. 게다가 '미국 문학'의 눈부신 발전 또한 미국 영어의 발달과 맞물리지 않았을까 추측해봅니다.

미국 영어와
영국 영어의 차이점

아무리 '미국 영어'가 독자적으로 발달하였다 하더라도 '영국 영어'와 완전히 다른 언어로 변모한 것은 아닙니다. 서로가 외국어로 느낄 정도는 아니며, 굳이 통역할 필요도 없습니다. '영국 영어' 사용자와 '미국 영어' 사용자가 만난다 해도 일상적인 의사소통에는 아무런 문제가 없답니다.

사실 '영국 영어' 안에서도 지역과 계층에 따라 수많은 방언이 존재합니다. 런던 남동부권의 엘리트들이 사용하는 'Queen's English'를 일반적으로 '영국 영어'라고 보기는 하지만, 영국인들은 다양한 방언을 존중하는 편이고 국가에서 표준영어를 지정하고 사용을 강요하는 것도 아닙니다. 하지만 영어를 공부하는 학습자의 관점에서 두 가지를 모두 살펴보는 것은 영어의 다양성을 이해하는 데 큰 도움이 됩니다. 모든 사례를 다 소개할 수는 없겠지만, '영국 영어'와 '미국 영어' 간의 철자와 어휘, 문법과 발음에서의 차이점 몇 가지만 살펴보겠습니다.

먼저 철자법에서의 차이입니다. 철자는 가장 확연하게 눈에 띄는 차이점이기도 합니다. 하지만 미국 영어와 영국 영어의 철자법이 '다를 수도 있다'라는 것을 인지하지 못한다면 종종 상당한 혼란을 느낄 수 있습니다. 예를 들어 'color'와 'colour'는 같은 단어일까요, 다른 단어일까요? 둘 다 색깔을 의미하는 같은 단어이지만 'color'는 미국식, 'colour'는 영국식 표기입니다. 서로 다른 단어가 아니랍니다. 영국 영어의 'favour, humour, honour, colour, labour'는 미국 영어에서는 'favor, humor, honor, color, labor'로 표기합니다. 역시 우리에게는 미국 영어의 철자가 훨씬 더 친숙하지요.

영국 영어의 'centre, theatre, metre'는 미국 영어에서는 'center, theater, meter'로 표기합니다. 영국 영어의 'defence, offence, catalogue, programme, organise, analyse' 역시 미국 영어에서는 'defense, offense, catalog, program, organize, analyze'로 표기합니다. 저는 'per cent'라는 단어를 처음 봤을 때 '이건 무조건 오타다!' 하면서 'percent'로 고친 적이 있었습니다. 하지만 'per cent'는 영국식 표기였습니다. 이렇게 영국식 철자법이 조금 다를 수 있다는 점을 인지하게 된 후부터는 선불리 오탈자를 규정하지 않게 되었습니다. 영국과 미국은 과거형 동사의 어미를 다르게 표기하기도 합니다. 미국에서는 'dreamed, learned, knit, lit' 등으로 쓰지만 영국에서는 'dreamt, learnt, spelt, knitted, lighted'로 쓰기도 한답니다.

　미국 영어와 영국 영어는 어휘 면에서도 조금 다릅니다. 아무리 영어를 잘하는 영국 사람이라도 미국에 여행을 가면 어휘 때문에 당황할 수 있습니다. 마찬가지로 미국 사람도 영국에 가면 당황하는 일이 생기겠지요. 조금 극단적인 예를 한번 들어보겠습니다. 실제 이런 경우는 거의 없겠지만 말입니다.

　융통성도 눈치도 전혀 없는 영국인 토마스가 미국으로 여행을 갔다고 가정해보겠습니다. 토마스는 차를 운전하던 중에 기름을 넣고 싶습니다. 주유소가 어디인지 물어볼 때 "Where is the petrol station?"이라고 질문하니 미국 사람들이 갸우뚱합니다. 미국에서는 주유소를 표현할 때 'gas station'이라고 표현하는 것이 더 일반적입니다.

미국에서는 petrol station 대신 gas station.

결국 기름을 못 넣은 토마스가 지하철을 탄다고 가정합시다. 영국에서는 지하철을 'underground' 혹은 'tube'라고 하는데, 사방팔방 'subway'뿐입니다. 'subway'는 영국에서는 그냥 지하에 있는 길, 그러니까 지하도를 가리킵니다. 지하도만 있고 지하철이 없는 미국이 이상하다고 투덜거리면서 토마스는 힘들게 걸어서 호텔을 찾아갑니다. 하지만 1층을 도무지 찾을 수가 없습니다. 'ground floor'가 어디에 있는지 아무리 찾아도 없습니다. 미국은 1층을 그냥 'first floor'라고 하기 때문입니다. 영국에서는 'ground floor'가 1층이고 'first floor'는 2층입니다. 겨우 체크인을 하고 이제 승강기를 타려고 하는데 'lift'는 없고 'elevator'만 있습니다. 영국은 'lift'가 승강기랍니다.

가엾은 토마스는 'biscuit'이라도 먹고 싶은데 슈퍼마켓에는 'biscuit'은 없고 'cookies'만 팝니다. 'crisps'를 먹고 싶지만 'chips'만 있습니다. 영국에서는 'chips'라고 하면 감자튀김, 즉 미국의 'french fries'를 의미합니다. 비스킷인데 쿠키라고 적힌 과자를 먹고 쓰레기를 버리려고 하는데 쓰레기통, 즉 'rubbish bin'이 어디냐고 물어보면 미국 사람들은 또 어리둥절합니다. 미국에서는 쓰레기통을 'trash can' 또는 'garbage'라고 표현합니다. 심지어 'rubbish'는 욕처럼 들린다고 해서 싸울 뻔했습니다. 축구나 보면서 이 혼란을 잠재우고 싶었지만, 미국에서는 축구를 대개 'soccer'라고 부르며 'football'은 미식축구를 가리킬 수도 있다는 점을 처음으로 알게 되었습니다. 영국에서는 축구가 'football', 미식축구는 'American football'입니다. 영화 'film'도 미국에서는 'movie'라고 합니다.

　견디다 못한 토마스는 도무지 말이 안 통해서 영국으로 돌아가기 위해 공항에 갔습니다. 그러나 도대체 'luggage'를 어디서 부쳐야 할지 혼란스럽습니다. 미국에서는 짐을 부칠 때 'luggage' 대신 'baggage'라고 한답니다. 간신히 미국 땅을 떠나 비행기를 탔지만, 승무원이 "Tea or coffee?"라고 묻습니다. 이제 다 귀찮아서 "아무거나 괜찮아요(I don't mind)."라고 했지만, 옆에 앉은 미국인은 같은 상황에서 "I don't care."라고 대답합니다.

미국에서는 luggage 대신 baggage.

조금 과장된 이야기긴 하지만, 영국 영어와 미국 영어 간에는 약간의 어휘 차이가 존재한다는 것을 짐작할 수 있습니다. 학교에서 쓰는 단어들도 조금씩 다른데, 아마 두 나라의 교육체계가 달라서일 것입니다. 대표적으로 영국에서는 초등학교를 'primary school'이라고 하지만 미국에서는 'elementary school'이라고 합니다. 대개 이러한 어휘 차이가 치명적인 오해를 가져오지는 않습니다. 맥락과 상황을 파악하면 충분히 이해되는 부분이기 때문입니다.

하지만 제2차 세계대전에서 미국군과 영국군 사이에서는 바로 이 '어휘'의 뉘앙스 차이로 인해 문제가 생길 때도 있었다고 합니다. 예를 들어 'compromise'라는 단어가 문제가 된 적이 있다고 하는데, 이는 미국인들에게는 단순한 대화나 협상을 뜻하지만 영국인들에게는 불의와 타협한다는 뉘앙스까지 지닐 수 있기 때문입니다. 'bomb' 역시 미국에서는 대실패를, 영국에서는 대성공을 나타낼 수도 있어서 오해의 소지가 있었다고 합니다. 이렇게 양국의 언어 간에는 뉘앙스의 차이를 지닌 단어들이 종종 존재합니다. 문화가 다른 만큼 미국 영어와 영국 영어는 속어나 성적인 단어 등에서도 차이를 보일 수 있으니 주의해야 합니다. 숫자나 연도, 전화번호를 읽을 때, 그리고 스포츠 경기에서 스코어를 말할 때도 두 언어 사이의 표현 방식이 조금씩 다르다는 점을 기억해두면 유익합니다.

미국과 영국의 발음 차이

우리가 흔히 학교에서 듣고 배우는 영어는 대부분 미국 발음입니다. 그래서인지 영국 영화나 드라마에서 영국 발음을 들으면 생소하면서도 멋있게 느껴지기도 합니다. 저도 개인적으로 영국 발음을 더 좋아하지만, BBC보다는 CNN이 훨씬 잘 들립니다.

그러나 국제화 시대를 살면서 늘 미국 사람만 만난다는 보장도 없는데, 오직 미국 영어로만 영어 공부를 하는 것은 그리 현명한 방법은 아닐 것입니다. 학생들은 영어 듣기 시험에서 영국식 악센트가 들리면 굉장히 당황합니다. 하지만 전 세계 사람들의 영어를 모두 알아들을 수 있어야 정말 영어를 잘하는 것입니다. 앞으로는 듣기 시험이나 교과서 음원 자료에서도 영국 영어, 호주 영어, 홍콩이나 싱가폴, 필리핀 영어까지 다 나오면 좋겠습니다. 훨씬 실용적이고 현실적인 영어 교육이 되지 않을까요?

미국 영어와 영국 영어의 발음 차이를 간단히 몇 가지만 소개해보겠습니다. 다시 한번, 미국 사람이라고 다 똑같이 발음하는 것은 아니며 영국 사람들이 모두 같은 발음을 하는 것도 아니라는 것을 꼭 전제하고 싶습니다. 원어민들은 오히려 수많은 방언과 악센트를 존중하고 있습니다. 성급한 일반화가 될까 봐 조심스럽긴 하지만 '미국 중서부의 영어 발음'과 '영국 런던 남동부의 영어 발음'을 극단적으로 비교해보겠습니다.

먼저 [r] 발음입니다. 'for, first, car, far, horse, bird' 등의 단어 속에 있는 [r]은 영국 영어에서는 거의 안 들립니다. 'forever' 같이 [r] 뒤에 다른 모음이 와서 연결되는 경우가 아니라면 영국에서는 이 소리를 거의 발음하지 않습니다. 영국 영어는 17세기에 [r] 소리가 약해지기 시작해서 18세기부터는 거의 발음하지 않게 되었다고 합니다. 그런데 이러한 변화의 물결이 미국까지는 오지 않았는지 미국 사람들은 여전히 [r] 소리를 제대로 발음합니다. 요즈음은 인터넷 사전에서 단어를 검색하면 영국 발음과 미국 발음이 모두 나오는데, 두 가지 버전을 비교해서 들어보면 상당히 재미있답니다.

미국 영어의 특징은 [t] 소리에서도 알 수 있습니다. 미국 영어에서의 [t]는 종종 유성음처럼, 마치 [d] 혹은 심하게는 [r]과 같은 소리가 날 때가 있습니다. 예를 들어 'beating'은 마치 'beading'처럼 들리고,

'matter'은 'madder'처럼 들리며 'water, better, writer'도 그렇습니다. 하지만 영국 영어에서는 [t] 발음이 명확하게 들립니다. 미국 사람들은 영국 영어를 들으면 [t] 소리가 참 강하다고 느끼겠지요. 일반적으로 [t] 소리를 터트리는 것이 영국식 발음이라고 알려져 있습니다. 이 부분은 '영어 음성학' 챕터에서 조금 더 자세히 다루겠습니다.

이번에는 모음 발음의 차이입니다. 영국 영어와 미국 영어에서는 'ask, fast, glass, half, bath'에서의 'a' 발음이 조금 다릅니다. 일반적으로 미국 영어에 익숙한 우리는 이 'a' 부분을 [æ]라고 발음하게 됩니다. 그러나 영국 영어에서는 [ɑ]로 발음하는 것이 일반적입니다. 즉, 영국에서는 'fast'가 '패스트'보다는 '파스트'로 들립니다. 미국인들은 'can't'를 'can'과 거의 비슷하게 발음해서 알아듣기 힘들 때도 있지만 영국인들은 'can't'는 '카안트'에 가깝게 발음하므로 훨씬 구분하기가 좋습니다. 그리고 미국 영어에서는 'hot, not, job'의 'o'는 [ɑ]로 발음합니다. 그러나 영국에서는 [ɒ]로 발음하는데, 이 소리는 조금 더 '오' 소리에 가깝다고 보시면 됩니다. 예를 들어 'stop'의 경우 미국에서는 '스탑'에 가깝게, 영국에서는 '스톱'에 가깝게 발음되는 것입니다.

하지만, 발음의 차이는 비단 양국 간에만 존재하는 것은 아닙니다. 미국 내에서도 발음의 다양성은 존재합니다. 일반적으로 미국 영어도 크게 세 그룹 정도로 나누어볼 수 있는데 각각 엄연한 발음의 차이가 존재한답니다. 사실, 미국은 국토가 넓어서 주마다 서로 억양이 다르다고도 하지요. 하지만, 영국 내에서도 방언들 간의 발음의 차이는 상당합니다. 심지어 런던 안에서도 지역과 사회적 계층에 따라 언어적인 차이를 보인답니다. 어쩌면 교과서 음원 자료 속 영어 발음을 구사하는 사람보다는 그렇지 않은 원어민들의 수가 훨씬 더 많지 않을까 싶기도 합니다.

미국과 영국의
문법적 차이

이번엔 문법 차이를 살펴보겠습니다. 미국 영어와 영국 영어 사이
엔 미미하긴 하나 약간의 문법적인 차이도 존재합니다. 문법적 차이점
이 존재한다는 사실은 영어 학습자들에게는 자칫 배신감이 느껴지면
서 불편한 부분일 수도 있습니다. 특히 우리 학생들은 언제나 영문법이
란 이 세상 유일무이한 '만고불변의 진리'이며 영문법 책은 '절대 법칙
모음집'인 것처럼 공부하기 때문입니다. 하지만 언어는 변하는 것이므
로 문법도 변할 수 있습니다. 지역마다 문법이 다를 수 있습니다. 언어
는 '사용자들끼리의 약속'이니까, 같이 약속하고 같이 바꾸면 얼마든
지 바뀔 수 있겠지요. 심지어 요즈음은 세계화와 인터넷의 발달로 문
법 변화에 가속도가 붙고 있습니다. 덕분에 최근 우리나라 영어 교육
의 흐름도 문법에 지나치게 얽매이지 않는 쪽으로 변화하고 있답니다.

상황이 이렇다 보니 사실 영어 교사로서 영문법 문제를 낼 때마다

조금 조심스럽기도 합니다. 어법상 틀린 문장을 보고도 외국인 친구들이 "좀 이상하긴 하지만 종종 그렇게 쓰기도 해."라고 하면 정말 당황스럽답니다. 영국 문법에서는 어법상 불가능한 표현이 미국에서는 통용되기도 하고, 때론 비공식적으로 쓰일 수도 있습니다. 이제 우리도 어법에 조금 유연해질 필요가 있을 것 같습니다. 어법은 절대 진리가 아니랍니다.

예를 들어 미국 영어에서는 단수 명사라고 배웠는데, 영국 영어에서는 복수 명사가 되는 경우가 있습니다. 'team'은 미국 영어에서는 대개 단수로 쓰이지만, 영국 영어에서는 복수로도 쓰입니다. 새우 'shrimp'의 경우 미국에서는 복수형도 'shrimp'이지만, 영국 영어에서는 'shrimps'라고 하기도 하지요. 영국 영어에서는 템스강을 'River Thames'라고 하지만, 미국 영어에서는 허드슨강을 'Hudson River'라고 할 수도 있습니다. 가서 목욕하라고 할 때 영국에서는 "Go and have a bath."라고 할 수 있지만, 미국에서는 "Go take a bath."가 더 일반적인 표현일 것입니다. 미국 영어에서는 'and'를 없애고 동사 두 개를 이렇게 연결하는 것은 어법상 틀린 것이 아니랍니다. 오히려 미국 영어에서는 "Come see me."로 쓰는 것이 더 편하고 자연스럽습니다.

대개 영국인들은 요일 앞에 전치사 'on'을 붙이므로 'on Monday'라고 하지만 미국 영어의 구어체에서는 전치사를 안 붙여도 완전히 틀린 말은 아니랍니다. "See you December."의 경우처럼 달 앞에서 'in'을 쓰지 않아도 친구끼리 대화할 때는 무리가 없습니다. 대체로 미국 영어의 어법이 조금 더 유연한 것 같습니다. 전치사의 쓰임이나 시제 사용의 경우에도 약간의 차이점이 있는데, 영국에서는 미국보다 완료 시제를 더 많이 쓰는 편입니다. 같은 상황을 표현할 때도 미국 영어에서는 현재완료 대신 과거 시제를 사용할 때가 있습니다. 그리고 'already, just, yet'을 과거 시제와 함께 써도 미국 영어에서는 어법상 크게 잘못된 표현은 아니랍니다.

"Did you do your work yet?"

"I just did it."

"I already did."

이런 문장들이 미국 영어에서는 그렇게까지 이상하지 않습니다. 현재완료와 과거완료에 관한 어법이 미국에서는 그다지 철저하지 않다는 건 다행스러우면서도 한편으로는 허무하기도 합니다. 대체로 미국에서는 영국보다 어법상 허용되는 것이 더 많고 실용적인 것처럼 느껴지기도 하는데, 다양한 언어적 배경을 가진 사람들이 함께 살다 보니 아무래도 문법적 기준이 편하고 간단해진 것이 아닐까 싶습니다.

다름은 있어도
차이는 없다!

영어학 학자들은 18세기와 19세기를 거치며 발생했던 '미국 영어'와 '영국 영어'의 차이가 20세기와 21세기를 거치며 급격하게 벌어지지 않았다는 점에 주목합니다. 오히려 둘 사이의 차이점은 점점 줄어들고 있으며, 이미 발생한 차이점에 대해서도 양쪽 모두가 인정하고 공용화하는 추세입니다.

지금 세계는 매체와 정보통신의 발달로 인해 서로 만나고 이해하는 통로가 셀 수 없이 많아졌습니다. 인터넷만 연결되면 정말 세계가 하나로 느껴질 정도입니다. 이런 시기에 "우리는 영국 영어를 공부해야 하나요, 미국 영어를 공부해야 하나요? 영국 발음을 따라 해야 하나요, 미국 발음을 따라 해야 하나요?"라고 묻는 것은 굉장히 시대에 뒤떨어진 질문일 수도 있습니다. 선택의 문제일 뿐 정답은 없답니다.

온라인과 오프라인에서의 자유로운 연결과 교류로 인해 세계인들은 '다름'을 이해하는 폭도 커졌습니다. 언어 사용 면에서도 서로의 개성과 독자성, 이질적인 억양이나 강세 등을 인정하고 이해하는 분위기입니다. 호주 영어, 캐나다 영어, 인도 영어, 홍콩 영어, 싱가포르 영어, 남아프리카공화국 영어도 이제는 국제 사회에서 독자적인 위치를 인정받고 있습니다. 다시 말해서, 지금은 '미국 영어'만이 정답이고 '영국 영어'만이 정통인 시대가 아닙니다. 세계인들은 '영어'를 하나의 표현 수단으로 여기고 각자 자신들의 방식으로 다양한 '영어'를 말하고 있으며, 다른 나라 사람들의 '영어'도 너그럽게 받아들이는 중이니까요.

우리가 영어를 배우는 목적은 결코 미국 사람과, 혹은 영국 사람과 교과서처럼 완벽하게 의사소통하기 위해서가 아닙니다. 교통, 금융, 군사, 외교, 무역, 관광, 상업, 과학, 의학, 예술, 학문적 교류 등 다양한 분야에서 세계인들과 원만하게 의사소통을 하는 것이 오늘날 우리가 영어를 배우는 주된 이유일 것입니다. 따라서 우리는 세계인들의 다양한 영어 표현을 이해해야 하고, 또 영어를 모국어로 쓰지 않는 사람들에게도 우리의 영어를 이해시켜야 합니다. 해외여행을 가서 보면 영어 듣기 평가에 나오는 사람처럼 말해주는 외국인은 거의 없다는 점을 실감하게 됩니다. 교과서에 나오는 발음과 억양이 아니라고 해서 스스로 부끄러워할 필요도 없습니다. 다만, 세계인의 다양한 영어에 '귀를 쫑긋, 마음을 활짝, 호기심 가득' 할 필요가 있습니다. 교과서 음원 자료

속 미국 영어 발음에만 익숙해지는 것은 '21세기형 슬기로운 영어 학습 방식'이 아니랍니다.

당당하게 표현하고, 너그럽게 경청하는 자세가 필요한 시대입니다.

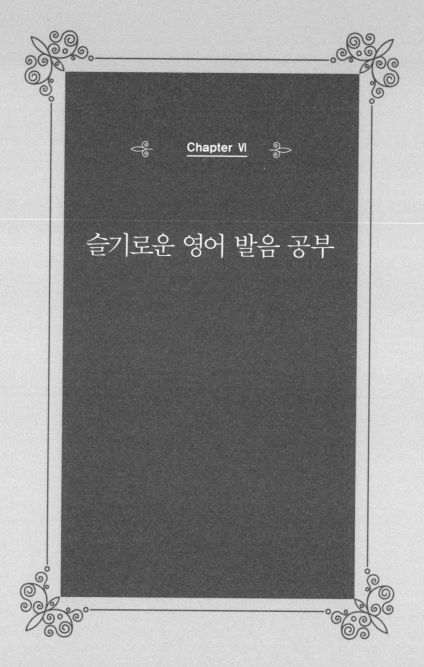

Chapter VI

슬기로운 영어 발음 공부

영어에도 '소리 규칙'이 있다?

영어는 '말'입니다. 그러나 독해와 문법 위주의 '영어시험' 공부에만 열중하다 보면 영어가 '소리'라는 당연한 사실도 낯설게 느껴질 때가 있습니다. 하지만 '글공부'에 집중하느라 영어로 '말소리'를 내는 일이 부담스러워진다면 이는 결코 '슬기로운 영어 공부'가 아니겠지요.

만약 영어 문법 시험과 영어 발음 시험 중에 하나만 골라야 한다면 무엇을 고르시겠습니까? 아무것도 고르고 싶지 않지만, 굳이 꼭 골라야만 한다면 대부분은 영어 문법 시험을 고르지 않을까 조심스럽게 예상해봅니다. 문법 시험이 더 쉬워서가 아니라 문법에는 나름대로 체계적인 '규칙'이 있다고 알고 있기 때문입니다. 규칙이 있으면 답이 '딱딱' 떨어지고, 틀렸을 때도 규칙을 다시 찾아보면 무엇이 잘못되었는지 합리적으로 이해할 수 있습니다. 규칙이 없으면 사례 하나하나 별도로 공부해야 하는 번거로움이 있고, '예측 불가능'이라는 점 자체가 심리적으로 큰 부담을 줍니다.

하지만 놀랍게도 영어 발음과 영어의 소리에도 '규칙'이 있습니다. 문법 규칙만큼이나 합리적인 '소리 규칙'이 존재합니다. 다만 문법만큼 열심히 배우지도 가르치지도 않아서 잘 모르고 있을 뿐입니다. 불행인지 다행인지 소리 규칙은 수능 시험 범위도 아니고, 각종 어학 시험에서도 다루지 않습니다. 그러나 '영어'의 소리를 이해하고 '슬기로운 영어 공부'를 하기 위해서는 영어 발음과 소리의 규칙도 공부해야 합니다. 규칙을 모르면 이렇게 발음하는 것이 맞는지 아닌지도 알 수가 없고, 발음한 후에도 잘했는지 잘못했는지 알 길이 없습니다. 영어 '소리'와 발음에 자신이 없어지면 영어로 말해야 하는 상황 자체가 스트레스가 될 수 있으며, 아무리 문법과 독해에 뛰어날지라도 온전하게 '슬기로운 영어 생활'을 할 수 없을 것입니다.

저는 대학에서 '영어 음성학'이라는 과목을 통해 소리의 규칙들을 배웠습니다. 외울 것이 너무 많아서 시험공부를 할 때 힘들었던 것 빼고는 다 좋았습니다. 수업 시간만큼은 정말 최고로 즐거웠습니다. '아하'하는 순간들이 많았고, 배움의 기쁨도 컸던 시간이었습니다. 영어영문과 학생들만 알고 넘어가기엔 아까운 것들이 너무 많아서 '이토록 실용적인 영어 소리의 규칙과 원리들을 훗날 꼭 널리 알리리라!' 굳게

결심했습니다.

그 많은 소리의 규칙들을 모두 나열할 수는 없겠지만, 가장 기본적이면서도 재미있는 내용만 간단히 소개해보고 싶습니다. 몇 가지 규칙만 잘 활용해도 영어 발음은 확실히 좋아질 것입니다. '규칙을 아는 것'과 '규칙을 모르는 것' 간에는 아주 큰 차이가 있답니다.

유성음과 무성음

영어와 한국어 모두 '소리'입니다. 사람의 경우 코와 입으로 공기가 나오면서 소리가 납니다. 공기가 없는 달나라에서는 아무리 영어를 잘 해도 소리가 안 납니다. 이렇게 중요한 '공기'가 움직이는 과정에서 '무엇의 방해를 어떻게 받느냐'가 소리를 결정합니다.

리코더를 불 때 손가락을 막는 위치에 따라 음이 달라지는 것과 같은 원리입니다. 막히는 부위에 따라 사람의 '소리'도 달라진답니다. 그런데 한국어와 영어는 '막히는 부위'가 조금씩 다르고, 또 어떻게 막히는지도 조금씩 다릅니다. 따라서 영어 발음을 제대로 하기 위해서는 '영어' 음성학을 공부하고 '영어'에 맞는 소리를 낼 필요가 있습니다. 영어를 말할 때와 한국어를 말할 때 각각 '다른 리코더'를 써야 한다고 생각하면 쉽습니다. 한국어를 말할 때 사용하던 리코더로 영어 소리를 내려고 하면 비슷한 소리는 나올 수 있겠지만 '제대로 된 소리'는 나지

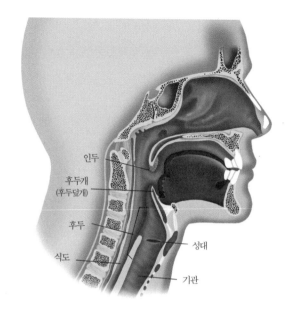

인두

후두개
(후두덮개)

후두

식도

성대

기관

성대의 구조.

않을 것입니다. 영어를 발음할 때는 이른바 '영어용 리코더'를 불면서 호흡과 혀의 움직임, 입 모양, 그리고 '성대의 울림'까지도 영어식으로 설정해야 한답니다.

'성대의 울림'은 종종 유의미한 소리 차이를 가져오므로 조금 더 상세히 살펴보도록 하겠습니다. 우리 몸 안에서 공기의 흐름을 조절하는 가장 대표적인 곳이 바로 '성대'가 있는 부분입니다. 영어에서 성대가 진동하느냐 진동하지 않느냐는 엄청난 소리의 차이를 만듭니다. 전공 용어로는 성대가 진동하면서 나는 소리를 '유성음', 성대를 울리지

153

않고도 낼 수 있는 소리를 '무성음'이라고 합니다. 영어로는 성대를 울리는 것을 'voicing'이라고 하므로 유성음을 'voiced sound', 무성음을 'voiceless sound'라고 부릅니다.

같은 곳에서 같은 방법으로 조음하더라도 '성대의 울림'에 따라 무성음이 되기도 하고 유성음이 되기도 합니다. 예를 들어 [p]와 [b]는 같은 곳(입술)에서 같은 방법으로 만들어지는 소리입니다. 하지만 성대가 안 울리면 [p], 울리면 [b]가 됩니다. 성대의 울림이 소리를 결정하게 되지요. [t]와 [d]도 마찬가지입니다. 성대가 안 울리면 [t], 울리면 [d]가 됩니다. [k]와 [g], [f]와 [v], [s]와 [z], [θ]와 [ð], [ʃ]와 [ʒ], [tʃ]와 [dʒ]도 마찬가지로 성대의 울림에 따라 달라지는 소리입니다. 따라서 /p, t, k, t, s/ 등의 소리를 낼 때는 성대를 울리지 말고 무성음으로 발음해야 합니다. 목 위에 손가락을 가볍게 얹은 상태로 [p]를 발음해보면 성대가 울리지 않는다는 것을 알 수 있습니다. 반면 /b, d/ 소리를 내어보면 성대가 떨리는 것이 느껴집니다. 유성음을 발음할 때는 이렇게 성대를 울려야만 합니다.

그런데 문제는 유성음을 발음할 때마다 성대를 울린다는 것이 그리 쉽지만은 않다는 점입니다. 우리는 종종 성대를 울리지 않고 유성음을 발음할 때가 있습니다. 'babo'와 '바보'는 같은 소리일까요, 다른 소리일까요?

놀랍게도 '바보'와 'babo'는 다른 소리입니다. 우리말의 'ㅂ'과 영어의 'b'는 당연히 같은 소리라 믿어 의심치 않았는데, 그게 아니었습니다. 이 둘은 완전히 다른 소리입니다. 영어가 모국어인 외국인에게 'babo'를 읽어보라고 하면 우리가 '바보'를 읽을 때와는 다르다는 것을 금방 알아차릴 수 있습니다. 'babo'에서 두 번의 [b]를 발음할 때 영어 원어민들은 자기 자신도 모르게 유성음으로 발음합니다. 영어에서는 단어 처음이나 가운데에 오는 [b]를 모두 유성음으로 발음한다는 규칙이 있기 때문입니다.

하지만 한국어를 모국어로 쓰는 사람이 '바보'라고 말할 때는 성대가 울리지 않을 가능성이 큽니다. 한국말로 '바보'의 /ㅂ/을 발음할 때는 아마 울림 없이 입술로만 발음할 것입니다. 이 또한 우리말의 소리 규칙입니다. 우리말에서는 단어 처음에 오는 /ㅂ, ㄷ, ㄱ/ 등은 무성음이 되기 쉬운데, 이를 어려운 말로 '무성음화(devoicing)'라고 합니다. 따라서 우리말로 '바보'라고 말할 때는 /ㅂ/에서 성대를 울리지 않고 무성음으로 발음하는 것이 훨씬 더 자연스럽습니다.

하지만 영어를 말할 때도 우리말 소리 규칙인 '무성음화'를 확대 적용하는 경우가 종종 있습니다. 영어를 할 때는 '영어용 리코더'를 사용해야 하는데 그것이 쉽지 않기 때문입니다. 'babo'를 발음할 때는 /b/가 단어 처음에 위치할지라도 우리말처럼 '무성음화'해서는 안 됩니다. 성대가 울려야 좋은 영어 발음이랍니다. 깊은 곳에서 느끼하게 울리는 느낌이 들어야 제대로 발음한 것입니다. 사실 'bag'이나 'boy'처럼 이른바 '쉬운' 단어들도 발음을 제대로 하자면 절대 쉬운 단어가 아닙니다. 모두 첫 'b' 부분에서 성대를 울려야 하는 단어들이지만 우리말을 모국어로 쓰는 사람이라면 누구나 '무성음화'를 하기가 쉽습니다.

외국인들 역시 한국어로 '가수'나 '바다'를 발음할 때 똑같은 실수를 하기가 쉽습니다. 자신도 모르게 '가'와 '바'에 힘이 실리면서 성대를 울릴지도 모릅니다. 그들도 한국어를 말할 때는 '한국어용 리코더'를 사용해야 하는데, 그게 쉽지 않은 것입니다. 영어 원어민들도 한국어 소리 규칙에 맞게 의도적으로 무성음화(devoicing)를 잘해야 '한국어 발음 좋다'라는 칭찬을 들을 수 있습니다. 우리는 외국인들의 '유성음 실수'만 듣고도 '아! 외국인이구나!'를 바로 알아차릴 수 있지요. 외국인들도 우리가 유성음을 무성음으로 발음하는 순간 똑같은 '차이'를 느낄 수 있을 것입니다. 유성음은 유성음으로, 무성음은 무성음으로 발음하는 '소리 규칙'만 잘 지켜도 발음은 좋아집니다.

대표적인 유성음으로는 '모음'이 있습니다. 영어의 소리는 자음(consonant) 소리와 모음(vowel) 소리로 나뉘는데, 모음 발음도 재미있는 부분이 많아서 잠깐만 소개하겠습니다.

자음이 먼저일까요, 모음이 먼저일까요? 우리말에서는 '모음'에서 '모'는 '어미 母'를 쓰고, '자음'에서 '자'는 '아들 子'를 씁니다. 모음이 먼저입니다. 영어의 알파벳도 'A'부터 시작합니다. 약간 억지스럽기는 하지만 곰곰이 생각해보면 아기들도 자음보다는 모음을 먼저 말합니다. '으앙, 으아, 옹애, 아, 잉, 앙앙앙앙앙' 하는 갓난아기는 아무리 소리를 잘 내더라도 모음 소리밖에 낼 수가 없습니다. 그러다가 우연히 자음을 발음하게 되면 엄마들은 세상을 다 얻은 듯 기뻐하지요. '가가가'라고 말하는 날에는 이 아이가 혹시 '언어 천재'는 아닐까 의심할 정도입니다.

좋은 영어 발음을 위해서도 '모음' 발음은 특히나 중요합니다. 영어의 모음과 우리말의 모음 소리가 똑같지 않기 때문에 더더욱 그렇습니다. 영어 음성학 공부를 하다 보면 우리말과 똑같은 영어 모음은 아예 하나도 없다는 생각마저 듭니다. 영어 모음을 말할 때는 혀의 움직임도 입 모양도 우리말로 모음을 발음할 때와는 완전히 다를 수 있습니다. [i]가 '이'가 아닐 수도 있고, [e]가 '에'가 아닐 수도 있습니다. 모음을 말할 때도 필히 '영어용 리코더'를 사용해야 한답니다.

일부 예외는 있겠지만 대부분의 영어 강세(stress)도 자음이 아니라 모음에 오며, 음절(syllable)을 구분할 때도 주로 모음이 경계가 됩니다. 몇 음절 단어인지 알아보기 위해서는 대개 자음의 개수가 아니라 모음의 개수를 셉니다. 얼핏 보기에는 무성음 자음이 더 개성 있고 강한 소리처럼 보이지만, 사실 큰 소리도 모음에서 나옵니다. 무성음 자음만으로는 큰 소리 한번 낼 수가 없습니다. "아아아아아아 야야야야!" 하고 외칠 수는 있지만, 모음의 도움 없이 자음 소리만 낸다면 말싸움에서도 이길 수가 없습니다. 좀 세게 생긴 [t]나 [k]도 사실 성대 한번 못 울리는 무성음 소리인지라, 외모와는 달리 제일 약한 소리를 낼 뿐입니다. 그리고 영어에서는 주위 소리와 강세에 따라 같은 모음이라도 질과 양이 바뀔 수 있기에 모음 발음이 더 어렵습니다. 이 부분은 너무 중요해서 뒤에서 다시 구체적으로 다루어보겠습니다.

'기음(aspiration)'의 마법

소리는 귀로만 듣는 것이 아닙니다. 혹시 소리를 눈으로도 볼 수 있다는 사실을 아십니까?

'IPA(International Phonetic Alphabet, 국제음성기호)'라는 것을 이용하면 소리를 기호로 나타낼 수 있습니다. IPA는 사전에서 볼 수 있는 발음기호보다 훨씬 더 자세하게 소리를 표현하는 기호입니다. 세계인들의 수많은 언어와 서로 다른 소리를 기록할 수 있으며, IPA 기호를 보면 누구나 그 소리를 짐작할 수도 있습니다. 이렇게 놀랍도록 세세하고 정교한 IPA 기호는 거의 완벽에 가까울 만큼 '소리의 시각화'를 구현해냅니다.

예를 들어 [t]는 가장 다양한 소리로 변신할 수 있는 알파벳이며 무려 8개의 소리로 변신 가능하다고 알려져 있지만, 사전에서는 그저 't'

로 표현될 뿐입니다. 하지만 IPA를 활용하면 그 미묘한 차이들을 모두 기록할 수가 있습니다. /t/는 [tʰ] 소리로 표현될 수도 있고 [t˥] 소리로 기록될 수도 있습니다. [t] 위에 조그마한 'h'가 있고 없고에 따라 소리가 아주 미묘하게 달라지는데, 그 미묘한 차이를 표현해낸다는 점이 바로 IPA 기호의 매력이지요. 참으로 기특한 기호가 아닐 수 없습니다.

사실 [t] 위에 작은 'h'가 붙은 [tʰ] 발음은 영어에서는 상당히 중요한 발음입니다. 이 [tʰ] 발음 속에는 우리말로는 '기음,' 영어에서는 'aspiration'이라고 하는 소리 규칙이 포함되어 있습니다. 'aspiration이 생긴다'라는 말은 '공기를 많이 압축했다가 방출할 때 [h]와 같은 마찰 소음을 내는 강한 기류가 같이 나온다' 정도로 풀이할 수 있겠습니다. 해설이 더 어렵긴 하지만, 저를 가르쳐주신 교수님께서는 간단하게 '공기가 터지는 것(puff of air)'이라고 말씀하셨습니다. 단어의 처음에 오는 /p, t, k/, 그리고 강세 받는 모음 앞에 있는 /p, t, k/를 터트려야 한다는 규칙입니다. /p, t, k/ 등이 마치 '피히, 티히, 키히'처럼 터지는 것입니다.

예를 들어 프랑스의 수도 'Paris'라는 단어를 발음할 때 프랑스어에서는 [p˥]로 발음합니다. 프랑스어에서는 이 경우에 'aspiration' 규칙이 적용되지 않으니 우리말의 [ㅍ]보다는 [ㅃ]에 가까운 소리로 발음하게 되고, 그 결과 '파리'가 마치 '빠리'처럼 들립니다. 하지만 영어에서는 규칙에 맞게 '기음'을 살려서 단어의 첫 'P'를 터트려서 [Pʰ]로 발음해야 합니다. 우리 귀에는 마치 '패해리스'처럼 들립니다. 이렇듯 'aspiration'은 영어가 영어답게 들리는 비법이기도 합니다.

그러나 규칙에 맞게 기음을 사정없이 터트려주는 것도 중요하지만, 무조건 다 터트리면 안 됩니다. 때론 터트리지 않는 것이 규칙일 때도 있답니다. /p, t, k/를 절대 터트리지 말아야 할 때는 이들이 단어 끝에 올 때, 그리고 /s/ 다음에 올 때입니다. 이 또한 영어에서 아주 중요한 소리 규칙이지요. 특히 /s/ 다음에 오는 /p, t, k/를 터트리지 않아야 한 다는 규칙을 잘 지키면 영어 발음이 눈에 띄게 좋아집니다.

예를 들어 'spy, sky, style'은 모두 /s/로 시작해서 /p, t, k/ 소리가 연이어 오는 단어들입니다. 영어의 소리 규칙에 따르면 /s/ 다음에 오 는 /p, t, k/는 절대 터트리면 안 되는 소리입니다. 만약 /h/ 느낌 잔뜩 싣고 'aspiration' 팍팍 살려서 [spʰai]라고 발음하면 '소리 규칙'을 지 키지 않은 것입니다. 별로 좋지 않은 발음이 되겠지요.

하지만 이번에는 소리의 규칙을 잘 지켜서 /h/ 느낌 전혀 없이 담백 하게, 마치 /p/를 우리말의 [ㅃ] 소리에 가깝게 [sp˜ai]로 발음해보겠 습니다. '스파하이'가 아니라 '스빠이'처럼 들리지만, 뭔가 더 영어 같은 느낌을 줍니다. 느끼한 듯 편안하고, 마치 외국인이 현지에서 발음하는 듯한 느낌이 듭니다. [spʰai]와 [sp˜ai]를 몇 번만 번갈아 발음하다 보면 이내 고개가 끄덕여지는 순간이 옵니다. 그저 '기음'을 터트리지 않는다는 규칙을 지켰을 뿐인데 갑자기 발음이 좋아진답니다.

'style'이라는 단어도 역시 /s/ 다음에 /t/가 옵니다. 터트리면 안 됩니다. '스타하일'보다는 '스똬일'에 가깝게 발음했을 때 좀 느끼하긴 하나 영어 발음의 '스타일'이 살아납니다. 괜히 세게 'aspiration' 해서 터트려버리면 스타일이 완전히 망가집니다. 'sky' 역시 '스까이'에 가깝게 발음하는 것이 '스카하이'보다 훨씬 더 괜찮은 영어 발음이 됩니다. 'star, still, skill, spill' 발음도 마찬가지입니다. 'aspiration'을 하고 안 하고는 아주 작은 차이처럼 보이지만, 참으로 큰 발음 차이를 가져옵니다.

/t/ 발음을 잘하면 영어 소리가 훨씬 돋보이므로 두 가지만 더 소개하겠습니다. 이번에는 /t/앞에 /n/이 오는 경우입니다. /t/가 /n/을 닮아 거의 [n]에 가깝게 발음된다는 소리 규칙이 있습니다. 'internet'과 'interesting', 그리고 'interview' 등을 발음할 때 이 규칙을 잘 지키면 발음이 확 살아납니다. /t/를 터트리지 말고 /n/처럼 발음하는 것이 포인트입니다.

그리고 /t/ 다음에 바로 /l/이 올 때는 입술 가운데서 정통으로 터트리지 말고 입을 조금 옆으로 벌려서 입술 옆에서 터트리면 아주 훌륭한 발음이 완성됩니다. 'little, title, Seattle, kettle' 등의 단어를 발음할 때 '설칙파열'이라는 소리 규칙을 잘 지키면 좋은 영어 소리가 만들어진답니다. 혀의 옆구리에서 새듯이 터지는 것이 중요합니다.

영어로 소리를 낼 때는 영어의 '소리 규칙'을 지켜야 합니다. 규칙에 따라 터트려야 할 때 터트리고, 터트리지 않아야 할 때 터트리지 않으면 영어 발음이 한결 좋아집니다.

4차시

아주 묘한 소리, 탄음(flap)

이번에는 쉽고도 어려운 발음 'water'에 대해 이야기해볼까 합니다. 영국 여행 중에 물을 달라고 "워러 플리~즈"라고 정성껏 굴렸는데 영국인 점원이 못 알아들어 난감했던 적이 있었습니다. '에잇, 모르겠다'는 심정으로 "워터!"라고 했더니 오히려 잘 알아들어서 물을 마실 수 있었던 소중한 경험을 했습니다. '워터'라고 하면 왠지 촌스러운 것 같아서 일부러 '워러'라고 발음했는데 왜 그걸 못 알아들었던 것일까요?

영국 사람이나 호주 사람을 만날 때는 '워러'보다는 '워터'라고 발음하는 것이 낫다는 것을 나중에 알았습니다. 대체로 영국 사람들은 미국 사람들보다는 'water'의 [t] 소리를 제대로 발음하는 편입니다. 반면 북미 영어(NAE, North American English)를 사용하는 사람의 발음에 귀 기울여 보면 'water'의 [t] 소리가 또렷하게 들리지 않습니다. 이 [t] 소리가 아주 묘한데, 어떨 때는 [r]처럼 들리기도 하고 어떨 때는 또 [d] 소리처럼 들리기도 합니다. 하지만 [t] 소리가 절대 [r]이나 [l] 소리로 바뀌지는 않았습니다. 우리말의 /ㄹ/ 소리로 발음해서도 안 됩니다.

이 묘한 소리를 영어 음성학에서는 '탄음', 즉 'flap'이라는 용어로 설명합니다. 원래 /t/를 발음할 때는 윗니 뒷부분을 혀끝으로 쳐야 소리가 납니다. [t]를 발음해보면 혀끝이 윗니 뒷부분에 닿는다는 것을 알 수 있습니다. 근데 'water'의 /t/의 경우에는 뒤따라오는 모음에 강세가 없으므로 너무나도 가볍게 닿아야 합니다. 아주 살짝만 닿아야 하다 보니 정통 [t] 발음이 나지는 않습니다. 그렇다고 [d]도 아니고 [r]도 아닌 신기한 소리가 납니다.

'flap'이라는 단어는 우리말로는 '찰싹 친다'는 의미입니다. 즉, 윗니 뒷부분을 혀로 세게 치면 제대로 된 [t] 소리가 나지만, 약하게 찰싹 치면 오히려 [d]와 [r]의 중간 느낌이 드는 묘한 발음이 만들어지는데, 이 소리를 IPA에서는 [ɾ]이라는 기호로 기록합니다. 북미 영어(NAE)에서는 모음과 모음 사이의 [t]와 [d]의 경우 뒷모음의 강세가 없을 때 [ɾ]로 발음될 수 있습니다.

이 소리 규칙을 쉽게 풀이하기 위해 다시 'water'의 경우를 분석해 보겠습니다. 모음 ⓐ과 모음 ⓔ 사이에 [t]가 오는데, 뒤에 오는 모음 ⓔ이 강세를 받지 않는 경우(unstressed)에 해당하므로 [t]를 강하게 발음하지 않습니다. 대신 윗니 뒷부분을 아주 찰싹 치면서(flapping) 발음해야 한다는 것입니다.

그러나 이렇게 안 한다고 해서 발음이 잘못된 것은 아닙니다. 영국인들은 그냥 [t]로 발음할 때도 많습니다. 이 발음을 제대로 못 해서 [r]로 발음하는 것이 오히려 문제가 될 수 있다고 합니다. 그러니까 'water'를 '워러'라고 발음한다고 해서 '잘 굴리는 것'이 아니었습니다. [r]은 혀끝이 윗니 뒷부분(alveolar ridge)에 닿지 않는 소리라서 안 되고, [l]은 혀가 더 말려서 깊은 곳에 닿는 소리라서 안 됩니다. 둘 다 지금 이 상황에서는 나올 수 없는 소리입니다.

[r]과 비슷한 느낌이되, 혀끝이 윗니 뒷부분을 찰싹 쳐야 한다는 점이 아주 중요한데 이게 참 어렵습니다. 그리고 'water'의 'ter'부분은 강세를 받지 않으므로 세게 발음하면 안 됩니다. 그래서 'wa'는 세게, 'ter'는 약하게 발음하되 살짝 'flap' 하는 것이 북미식 'water' 발음의 진리입니다. 저는 일부러 '워'를 힘주어 세게 말하고 '터'를 아주 작게 말해서 '터'가 '더'인지 '러'인지 아무도 모르게 발음합니다. 그러면 의외로 미국인들은 곧잘 알아듣습니다. 모음과 모음 사이에 [t] 소리가 온다고 다 'flap' 되는 것은 아니라는 점도 주의해야 합니다. 강세가 뒷부분에 오는 단어에서는 절대 [t]가 'flap' 되지 않습니다. 'attack'과 같은 단어는 강세가 뒤에 옵니다. 모음과 모음 사이에 [t] 소리가 나는 건 맞지만 뒤에 강세가 오면 'flap' 되지 않고 더 강하게 [t] 소리가 난

답니다.

결론입니다. 북미 영어(NAE)에서는 강세를 받지 못하여 약하게 소리 내야만 하는 [t]와 [d]가 환경 탓에 자신의 소리를 다 내지 못하고 'flap'되는 현상이 발생합니다. 윗니 뒷부분을 찰싹 치는 이 묘한 소리는 바로 [ɾ]입니다. [ㄹ]로 발음하지 않도록 합니다.

카멜레온 같은 [l] 발음

모국어에서는 거의 쓰지 않지만, 외국어로는 사용되는 소리가 있습니다. 이런 경우 사람들은 대개 그 소리를 모국어에 가까운 소리로 대체하여 발음하려는 경향이 있습니다. 예를 들어 한국어가 모국어인 사람은 영어의 [f] 소리를 [ㅍ] 소리로 발음하려는 경향이 있습니다. 그리고 [v]는 [ㅂ]으로 발음할 때도 종종 있을 것입니다. 사실 한국어가 모국어인 경우는 [r] 발음도 참 어렵습니다. 우리말에는 [r] 소리와 똑같은 소리가 존재하지 않기 때문입니다. 우리의 [ㄹ] 소리와 영어의 [r] 소리는 완전히 다른 소리랍니다. 이렇게 우리말에 없는 [f, v, r]은 참 어려운 발음입니다. 외국인 앞에서나 한국인 앞에서나 모두 신경이 쓰이고 괜히 쑥스럽게 느껴지는 발음이지요.

그러나 이 세 가지 발음보다 더 어려운 발음은 바로 [l] 발음입니다.

[l]은 위치에 따라 발음이 카멜레온처럼 달라지기 때문입니다. [l] 발음이 [r] 발음보다는 쉽다고, [l]은 오히려 [ㄹ]과 비슷하지 않냐고 생각하면 큰 오산입니다. [l] 발음은 위치에 따라 발음이 확 달라지므로 그야말로 '변신의 귀재'랍니다.

일단 'love'와 'light'처럼 '단어 첫 부분(onset)'에 오는 [l]은 소위 'clear [l]'이라고 합니다. 이 경우에는 말 그대로 제대로 똑 부러지게 [l] 소리가 나야 합니다. 우리가 흔히 알고 있는 [l] 발음입니다. 혀끝이 윗니 뒷부분, 즉 치경에 잘 닿으면 됩니다.

그러나 'oil, milk, feel'처럼 단어 끝에 오는 [l] 소리는 그렇게 제대로 발음하면 안 됩니다. 'clear [l]'과 달리 단어 끝(coda)에 오는 [l]은 일명 'dark [l]'이라고 부릅니다. '어두운 [l]'이라는 이름처럼 발음도 '어둡게' 해야 한답니다. 약간 먹히는 소리라고나 할까요? 혀 뒷부분이 위로 말려 올라가면서 분명하지 않은 소리가 만들어진답니다. 이 소리를 IPA 기호로는 [ɫ]로 표시합니다. 이러한 차이까지 기록해내다니 참으로 기가 막힌 기호 체계입니다.

예를 들어 'seal'을 한번 발음해보겠습니다. 뒤에 나오는 [l]이 'dark [l]'이니까 선명한 [l] 소리를 내서는 안 됩니다. [l] 앞에 [ə] 소리를 덧붙여 보면 조금 더 그럴싸합니다. [siəɫ] 이렇게 말입니다. 이 경우 [l] 발음은 조금 먹히면서 사라지는 듯한 느낌이 듭니다. 그러니까 '씰' 보다는 '씨이어얼'이 더 멋지게 들리는 것은 '굴려서'가 아니라 소리 규칙을 잘 지켜서입니다.

'milk'도 '밀크'가 아니라 '미역'처럼 발음하면 외국인들이 더 잘 알아듣는다는 우스갯소리가 있습니다. '미역'에서는 'ㄹ'이 없는데, 그렇다면 [l] 소리는 어디로 갔을까요? 'milk'의 [l]은 어두운 [l]이니까 제대로 소리가 나지 않아야 합니다. 혀가 말리면서 약하게 [l]의 느낌만 살려도 됩니다. 스르륵 사라지듯이 말입니다. 그런데 'milk'의 모음은 'i'뿐인데 '미역'의 '역'은 또 어디에서 나온 걸까요? 사실 [l] 소리 앞에 살짝 [ə] 소리가 들어오면서 이중모음과 같은 효과가 생긴 것입니다. '밀크'보다는 '미역'이 차라리 좋은 발음이라는 것은 어느 정도 일리가 있는 얘기였습니다. 같은 원리로 'help'의 [l]도 제대로 살려서 발음하면 안 됩니다. '헬프'보다는 마치 '헤업'처럼 발음하는 게 오히려 영어의 소리 규칙에 근접한 발음이 되겠습니다.

[l]이 제대로, 가장 확실히, 아주 분명하게 'clear [l]'로 소리 나는 경우는 'exactly'나 'brightly'에서처럼 'ly'로 올 때라고 합니다. 이 소리와 'milk'의 [ł]은 과연 같은 [l]이 맞나 싶을 정도로 다른 소리가 나지요. 단어 끝에 오는 [l] 소리를 분명하게 발음하지 않는 것 또한 영어의 중요한 소리 규칙입니다. 제아무리 카멜레온 같은 [l] 소리도 소리 규칙을 잘 따르기만 하면 전혀 어려운 발음이 아니랍니다.

강세 때문에 스트레스!
(stressful stress)

영어를 제대로 말하기 위해서는 발음만이 전부가 아닙니다. 소리 규칙을 잘 지켜서 각각의 소리를 제대로 발음하는 것도 물론 중요합니다. 하지만 이것만으로는 충분하지 않습니다. 소리를 제대로 발음해도 강세가 틀리면 원어민들은 못 알아들을 수 있기 때문입니다. 오히려 조금 어설프게 발음하더라도 강세만 잘 맞으면 척척 알아듣기도 합니다.

학자들은 흔히 '영어는 강세가 중요한 언어'라고 말합니다. 강세는 영어로는 'stress'라고 하는데, 'stress'는 '강조하다, 중점을 두다, 압박하다' 등의 뜻을 지니고 있습니다. 따라서 강세가 있는 부분에서는 '강조하고 중점을 두고 압박하듯이' 말해야만 합니다. 놀랍게도 음절이 두 개 이상인 영어 단어에는 반드시 강약이 살아있습니다. 한 음절은 놀라울 만큼 더 강하고, 한 음절은 섭섭할 만큼 더 약하게 발음해야 하지요. 우리말과 결정적으로 다른 부분입니다. 우리말에서는 2음절 이상의 단어라 할지라도 반드시 한 음절은 더 강하게, 다른 한 음절은 더 약하게 말할 필요는 없습니다. 그러면 좀 이상한 사람 같습니다. 오히려 비슷한 강세로 또박또박 말하는 것이 더 지적이고 똑똑한 사람처럼 보입니다. 하지만 영어를 말할 때는 우리말 하듯이 같은 강세로 또박또박 말하기보다는 영어식 강세를 살려가며 말하는 것이 좋습니다. 매번 오르락내리락 강약을 살려 말하는 것이 왠지 어색하고 쑥스럽고 정신없이 느껴질 수는 있겠지만, 그렇다고 우리말 하듯 영어를 말하면 외국인들은 강세를 파악하느라 무척 괴로울지도 모릅니다.

강세는 비단 단어 수준에서만 존재하는 것이 아닙니다. 문장 수준에서의 'sentence stress'도 있습니다. 영어에서의 문장 강세(sentence stress), 억양(intonation), 리듬(rhythm)은 어쩌면 의미 전달에 있어서는 발음보다 훨씬 더 중요한 부분일 수도 있습니다.

'리듬이라니! 말에도 리듬이 있다?'

그렇습니다. 사실 우리말은 '음절 박자 언어(syllable-timed language)' 입니다. 각 음절을 거의 똑같은 강도와 길이로 발음하며, 강약은 많지 않고 거의 모든 글자를 정확하게 또박또박 발음합니다. 강세를 받는 음절도 안 받는 음절도 모두 정확히 발음하는 언어입니다. 스페인어도 대표적인 '음절 박자 언어'랍니다.

그러나 영어와 독일어는 '음절 박자 언어'가 아닙니다. 중요한 단어는 강하게, 중요하지 않은 단어는 약하게 말해야 하는 언어입니다. 한 단어 내에서도 강세를 받는 곳은 강하게, 강세를 못 받는 곳은 약하게 말해야 합니다. 영어는 '강세 박자 언어(stress-timed language)'이기 때문입니다. 강세로 박자가 맞추어지는 언어라는 뜻입니다. 그리고 강세의 패턴(stress pattern)이 같은 시간을 두고 규칙적으로 반복되어 박자가 맞추어지면 '리듬'이 생기게 됩니다. 그래서 영어를 'rhythmical language'라고도 하지요.

그러니까 영어는 리듬이 살아있는 '노래' 같은 말입니다. 우리말과 아주 중요한 차이점입니다. 영어에서는 강세, 억양, 리듬이 자연스럽지 않으면 아무리 소리를 제대로 발음했다 할지라도 어색하게 들릴 수 있습니다. 낱낱의 소리를 잘못 발음했을 때보다 전체적인 억양이 잘못되었을 때 더 큰 문제가 된다고 합니다. 영어로 원활하게 의사소통하기 위해서는 강세와 억양도 반드시 함께 공부하는 것이 좋습니다. 발음이 아무리 좋아도 강세 때문에 의사소통이 안 되는 것이 바로 영어니까요. 반면, 영어 발음이 조금 부족해도 강세만 잘 살리면 의사소통은 물론이거니와, 부족한 발음까지도 보완할 수 있습니다. 어쩌면 강세는 발음의 약점을 커버할 수 있는 최고의 무기일지도 모르겠습니다.

영어에서 강세의 위력이 얼마나 대단한지 한번 살펴보겠습니다. 일단 'stress를 받는 모음'에는 모든 것을 확실히 밀어줍니다. 소리의 크기(loudness)가 커지고, 소리의 높이(pitch)가 높아지며, 소리의 길이 (length)도 길어지게 됩니다. 하지만 'stress를 받지 못하는 모음'이 되면 작아지고, 낮아지고, 짧아집니다. 예를 들어 [i] 소리를 내야 하는데 강세를 받지 못하게 되면 [ə](schwa)로 약화합니다. [u] 혹은 [æ]로 소리 나야 할 부분도 마찬가지로 강세를 받지 못하면 [ə]로 약화합니다. 영어에서는 주위 소리나 강세에 따라 같은 모음이라도 질과 양이 바뀔 수 있습니다. 강세를 못 받는 모음이 실제로 발음되는 소리를 들어보면 원래 철자가 /i/였는지 /a/였는지, 아니면 /o/였는지 /u/였는지 추측하기조차 힘들 정도입니다. 이렇게 /a, e, i, o, u/가 강세를 못 받으면 /ə/ 또는 /ɪ/로 발음되는 규칙을 '모음 축약법(Vowel Reduction Rule)'이라고 합니다. 이 규칙을 잘 지키는 방법은 아주 간단합니다. 강세를 받지 않는 모음을 제대로 발음하지 않으면 됩니다. 강세를 받지도 못하는데 또박또박 철자대로 발음하면 오히려 규칙 위반이 될 수 있습니다.

모음뿐만 아니라 자음에서도 강세의 위력을 찾아볼 수 있습니다. 극단적인 경우이긴 하지만, 강세가 약한 음절의 소리가 거의 '먹혀서' 제대로 소리가 안 날 때가 있습니다.

'button'이라는 단어가 아주 좋은 예입니다. 우리말로는 [버]와 [튼]이 거의 같은 세기로 아주 쉽게 잘 읽히므로 아무런 문제가 없습니다. 그러나 영어에서는 /bu/ 부분이 강세를 받으면, /tton/ 부분은 아주 약하게 읽혀야 합니다. 강세를 못 받은 부분은 약하다 못해 거의 발음이 안 되는 지경에 이르러 이른바 '비상 파열(nasal plosion)'이라는 소리가 납니다. 입으로 당당하게 나와야 할 소리를 코로 슬쩍 내보낸다는 뜻입니다. 'button'에서는 [ton]에서의 't' 발음이 강세를 받지 못하여 코로 터트리는 소리가 납니다. 'but'까지는 아주 세게 발음하지만, 그 뒷부분은 그냥 '응'하고 콧소리를 터트리게 되는 것입니다. 꼭 [벋.은]같이 들리지만, 영어로는 아주 좋은 발음이 됩니다.

'forgotten'도 마찬가지입니다. 두 번째 음절이 강세를 받아 세게 발음되기 때문에 마지막 'tten'은 기가 죽어서 제대로 소리가 나지 못합니다. 앞에 'for'는 살짝만 들리게, 가운데 'got'는 아주 크게, 마지막에 오는 'ten'은 코로 '은' 정도로만 살짝 터트려야 멋진 영어 발음이 완성됩니다. 'cotton, mitten, written, mountain'도 마찬가지입니다. 모두 /t/ 다음에 /n/이 오게 되는데, 이 음절이 강세를 못 받으니 소리가 입으로 나오지 못하고 코로 터지면서 먹혀버립니다. 영어에서는 강세가 이렇게 중요합니다. 강세를 받지 않는 음절은 모음도 자음도 제대로 된 소리를 내지 못합니다. 하지만 강세를 못 받는 부분은 대충 얼버무릴지라도 강세 받는 부분만 확실하게 잘 살려주면 나름대로 괜찮은 발음이 완성됩니다.

Stressful stress! 이제 스트레스까지 스트레스를 줍니다. 하지만 강세를 살리는 것은 '영어용 리코더'의 또 다른 기능입니다. '스트레스'를 즐기면 영어도 즐거워진답니다.

한국인을 위한 영어 음성학

외국인들이 하는 한국말을 듣고 '일본인인가? 중국인인가보다, 미국 사람인가? 프랑스 사람 같다' 등의 느낌이 올 때가 있습니다. 모국어의 특징이 외국어를 말할 때도 남아 있기 때문입니다. 모국어의 소리 특성 때문에 외국어를 말할 때 저마다의 애로사항이 생기는 것은 매우 자연스러운 현상입니다. 이는 잘못된 것이 아니라, '다르기' 때문에 발생하는 현상입니다. 우리도 마찬가지입니다. 한국인이기 때문에 영어를 말할 때 한국어 소리의 특징이 묻어나오는 것은 당연한 일입니다. 하지만, 한국어 발음이 영어 발화에 미치는 영향을 알아보고, 영어 원어민처럼 발음하기 위해서 어떤 부분들을 개선하면 좋은지 알아보는 것도 '슬기로운 영어 공부'가 될 것입니다.

우리말에는 [f], [v], [r] 등의 자음이 존재하지 않아서 자꾸만 [p],

[b], [l] 등으로 발음하려고 하며, 단어 첫 부분의 유성음을 '무성음화' 하기 쉽다는 점은 앞서 살펴보았습니다. 그리고 우리는 강세를 주면서 리듬감 있게 말하는 데 익숙하지 않아서 영어 원어민들에게는 자칫 밋밋한 영어로 들릴 수 있다는 점도 알고 있습니다.

여기서 한 가지만 더 추가하자면 한국 사람들은 영어를 말할 때 단어 단위로 끊어 읽으려고 한다는 점입니다. 하지만 영어는 단어의 경계와 소리의 경계가 반드시 일치하지는 않습니다. 이를테면 "He moved it."이라는 문장이 있을 때 우리는 흔히 'He'에서 한 번 끊고 'moved'까지 말한 후 한 번 더 끊고 마지막 'it'을 힘주어 말하며 문장을 끝내려 합니다. 또박또박 세 개의 단어를 말하게 되겠지요.

그러나 영어 원어민들은 반드시 그렇게 단어 경계로, '띄어쓰기'한 것처럼 읽지는 않습니다. 'He'에서 한 번 끊을 수는 있지만 'move'에서 한번 끊고, 'move' 다음에 남은 [d] 소리와 뒤에 남은 it을 붙여 [dit] 정도로 발음할 수도 있습니다. 어쩌면 이렇게 말하는 것이 더 영어답게 읽는 방법이기도 합니다. 우리말로 써보자면 '히 무브드 잇'이 아니라, '히 무브딧'이 더 '영어답다'는 것입니다. 영어는 단어의 경계와 소리의 경계가 반드시 일치하는 것이 아니라는 점을 유념할 필요가 있습니다. 띄어 쓴 대로 또박또박 읽으려고 애쓰지 않아도 됩니다. 띄어 쓰기가 '띄어읽기'가 아니라는 사실을 인지하는 순간부터 영어 발음은 자연스러워질 것입니다. 'a cup of coffee' 역시 '어 컵 오브 커피'로 또박또박 끊어 읽을 필요가 없습니다.

이렇게 모국어의 소리 특징으로 인해 외국어를 말할 때 '간섭'을 받을 수 있다는 것을 이른바 '간섭 현상(interference)'이라고 합니다. 우리말의 습관 때문에 'cup of'를 띄어쓰기 한 그대로 읽는 것이 바로 간섭 현상의 좋은 예입니다.

'a cup of coffee'에서는 또 다른 간섭 현상도 일어납니다. 'cup of'에서 'p'가 [b]로 발음될 수도 있답니다. "Stop it!"이라고 외칠 때도 [p]가 [b] 소리처럼 발음되기 쉽습니다. 우리말에서는 모음과 모음 사이에 위치하는 무성음 [ㅍ]이 [ㅂ]로 발음되는 경향이 있습니다. 예를 들어 '동전 한 닢에'는 [동전 한 니베]로 발음되기 쉽습니다. 하지만 영어에서는 그런 소리 규칙이 없습니다. 아무리 감미로운 목소리로 'How deep is your love'라는 노래를 부를지라도 'deep is' 부분에서 [p]를 [b]로 발음하면 영어 원어민에게는 달콤하게 들리지 않을 수도 있답니다.

또 다른 재미있는 간섭 현상을 소개하겠습니다. '앞이빨'이라는 말을 우리말로 읽으면 [암니빨]로 소리가 납니다. '앞'의 /ㅍ/이 [ㅁ] 소리로 바뀌고 '이빨'의 '이'는 [니]로 발음됩니다. /ㅍ/과 /ㅇ/이 모두 비음으로 바뀌는데, 이 또한 한국어의 발음 규칙입니다. 복합어를 만들 때 모음과 모음(특히 전설모음) 사이에 콧소리가 삽입되는 것을 'nasal insertion'이라고 합니다. 이는 '콧소리 삽입' 정도로 해석되는데 우리말에서는 흔히 있는 일입니다.

문제는 영어를 말할 때도 이를 적용한다는 점입니다. 예를 들어 'but your book'과 'put your toys away'를 읽어보면 'but'과 'your' 사이, 'put'과 'your' 사이에 자꾸 [n] 소리가 들어옵니다. [번 뉴얼 북] 혹은 [푼 뉴얼 토이즈 어웨이]로 발음이 된다면, 간섭 현상으로 'nasal insertion'이 생긴 것입니다. 'get your car washed'에서 'get'과 'your' 사이에도 'nasal insertion'이 생길 가능성이 큽니다. [t] 발음과 다음 모음까지 비음으로 변해버리는 이 현상은 '간섭으로 인한 발화 오류'라고 볼 수 있습니다. 오류라고 말하자니 기분이 썩 좋지는 않지만, 이와 같은 현상을 가리키는 일반적인 용어입니다. 영어를 모국어로 사용하는 사람들 역시 우리말을 배울 때 같은 '오류'가 생길 것입니다. '앞이빨'을 [암니빨]이 아니라 [앞이빨]로 발음할 테니까요. 피차일반입니다.

마지막으로 우리말의 간섭 현상을 하나만 더 소개하겠습니다. 우리말로 '신라, 천리, 권리' 등을 발음하면 'ㄴ'이 모두 [ㄹ]로 소리가 납니다. '신라면'을 발음할 때는 [신나면]이 되기 쉽습니다. 이번에는 'ㄹ'이 [ㄴ] 소리로 바뀌었습니다. 이렇게 우리말에서는 [n] 소리와 [l] 소리가 만나면 둘 중 하나로 통일해서 발음하려는 경향이 있답니다.

그러나 영어에서는 그런 소리 규칙이 없습니다. [n]은 [n]으로, [l]은 [l]로 발음해야 합니다. 여기서 어려움이 발생할 수 있습니다. 'only'가 [온니] 혹은 [올리]가 되면 안 되는데 자꾸 그렇게 읽히기 때문입니다. 그리고 'Henry'는 '헬리'가 아닌데 자꾸 남의 이름을 잘못 부르게 됩니다. 이런 단어들은 의식적으로 제대로 읽는 연습을 하고, 신경 써서 발음할 필요가 있습니다. 마치 습관처럼 무의식적으로 모국어의 소리 규칙을 적용할 수 있으니까요.

간섭 현상은 '틀린' 것이 아니라, 소리의 규칙이 '다르기' 때문에 생기는 재미있는 현상입니다.

8차시

영어 음성학의 유용성

지금까지 영어 발음과 관련된 다양한 소리 규칙 가운데 극히 일부분을 살펴보았습니다. 영어에도 다양한 소리 규칙이 존재합니다. 영어 발음은 '굴린다'고 해서 좋아지는 것이 아니라, 영어 소리의 규칙을 제대로 적용해야 좋아집니다. 사실, 발음이 꼭 원어민과 같아야 할 필요는 없습니다. 규칙만 잘 지키면 됩니다. 영어를 하면 할수록 화려한 발음보다는 말의 알맹이와 내용이 더 중요하다는 생각도 듭니다. 알맹이가 꼭 차고 내용도 좋은데 발음까지 완벽하다면 금상첨화겠지만 말입니다.

소리 규칙을 '알기 전'과 '알고 난 후'에는 확연한 차이가 있을 것입니다. 몇 가지 소리 규칙을 유념하면서 원어민들의 발음에 귀 기울이다 보면 직접 규칙을 확인할 수도 있고, 또 다른 소리 규칙을 찾아낼 수도 있습니다. 한마디로 '영리한 귀'를 갖게 될 것입니다. 그리고 규칙을 알게 되면 자신의 발음에도 신경을 쓰게 되지만 다른 사람의 발음도 평가할 수 있게 됩니다. 규칙에 맞게 잘 발음하는지 아닌지도 구분할 수 있게 되지요. 이제는 누가 'milk'라고 말하면 'dark [l]발음'이 어떻게 나는지 귀 기울이게 될 것입니다. 'style'의 [t]에서 '기음(aspiration)'을 팍팍 살려서 '스타하일'이라고 말하는 사람을 보면 넌지시 소리 규칙을 알려주고 싶을지도 모릅니다.

영어 음성학은 여러모로 활용 범위가 넓은 분야입니다. 소리에 규칙이 있다는 것은 소리를 체계화하고 부호화할 수 있다는 가능성을 암시하기도 하니까요. 영어 음성학은 각종 말하기 시험 채점과 발음 연습을 위한 도구 및 콘텐츠 제작에 폭넓게 활용될 수 있습니다. 어쩌면 영어영문학과 전공에서 공부하는 과목들 가운데 가장 과학적이고, 다른 분야와 결합할 가능성이 큰 분야가 영어 음성학일 것입니다. 특히 음성 인식 기술이 보편화된 시대에는 다양한 IT 기술과 기계 설계에 무궁무진하게 활용될 수 있을 것입니다. '슬기로운 영어 공부'가 과학 기술을 공부하는 사람들에게도 색다른 영감과 '슬기'를 줄지도 모를 일입니다.

지금까지 제가 가장 좋아했던 과목, 참으로 유용한 '영어 음성학'이었습니다.

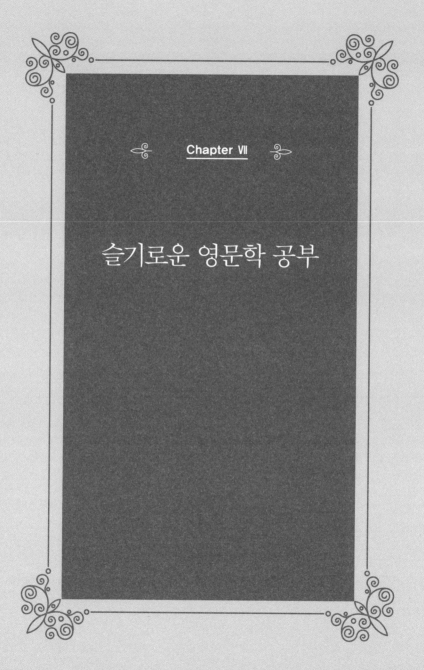

Chapter VII

슬기로운 영문학 공부

영어, 영문학!

우리는 윤동주 시인의 「서시」와 「별 헤는 밤」이라는 시를 잘 알고 있습니다. 그리고 '님은 갔습니다. 아아, 사랑하는 나의 님은 갔습니다'라는 구절을 보면 곧장 한용운의 '님의 침묵'을 떠올리지요. 황순원의 「소나기」와 김유정의 「봄봄」, 주요섭의 「사랑손님과 어머니」에 대해서도 익히 알고 있습니다. 「제망매가」와 「가시리」, 그리고 「관동별곡」 같은 고전문학을 공부하느라 고생했던 기억도 생생합니다.

미국 사람들이나 영국 사람들에게도 이렇게 모두가 다 알고 있으며 한때 열심히 공부했던 '국민 소설'과 '국민 고전'이 있을 것입니다. 그들만의 '이육사, 기형도, 이상' 시인도 있겠지요. 그러나 10년 이상 '영어'라는 외국어를 그렇게 열심히 공부하면서도 우리는 영어로 된 문학 작품을 읽고 공부하지는 않습니다. '영어 좀 한다'하는 사람들도 영미권에서 유명한 시인과 작가, 작품에 대해서는 잘 모르는 경우가 많습니다. 영어를 모국어로 쓰는 사람들이 어떤 시를 읽고 어떤 소설을 읽으면서 학창 시절을 보내는지, 그리고 그들이 '당연하게' 알고 즐기는 문학 작품들은 무엇인지에 대해서도 잘 알지 못하는 경우가 대부분입니다.

저도 대학에 가기 전에는 영문학 작품을 제대로 공부한 적이 없습니다. 한때 독서를 좋아하는 문학소녀였기에 번역본으로 몇몇 작품을 읽어보긴 했으나 '단어 문법 독해 3종 세트'에 지나치게 열중하느라 영시나 영어소설을 원서로 읽어볼 시간은 없었습니다. 영미권 배우들과 가수의 이름은 줄줄 외워도 영문학 거장들의 이름은 잘 몰랐습니다. 영문학 작품은 영어 교과서에 나오지도 않았고, 수능 시험이나 토익 시험에도 출제되지 않았습니다.

사실 오늘날의 교실 상황도 별반 다르지 않습니다. 국어 시간에는 여전히 우리 문학 작품들을 열심히 배우고 가르치지만, 영어 시간이라고 해서 영문학 작품을 공부하지는 않습니다. 『로빈슨 크루소』나 『오만과 편견』, 『위대한 개츠비』와 『호밀밭의 파수꾼』을 읽고 친구들과 토론할 기회는 흔치 않습니다. 영문학에 관심이 있는 학생들은 스스로 작품을 찾아서 열심히 읽은 후 학교생활기록부의 '독서' 영역에 책 제목과 작가명을 기록하는 것이 전부입니다. 그마저도 읽지 않는 학생들이 더 많습니다. 영어 교사로서 책임감도 느끼고, 안타깝고 미안한 마음도 듭니다. 그러나 굳이 변명하자면 학사 일정에 따라 학교 내신 진도와 수능시험 준비를 하다 보면 교실에서 영문학 작품들을 읽고 토론할 물리적 시간이 없습니다.

시험에 안 나온다고 해서 '공부할 필요가 없는 것'은 아닌데, 정말 중요한 것들이 자꾸만 뒤로 밀리는 현실이 늘 아쉽기만 합니다. 기우일 수도 있겠지만, 훗날 우리 학생들이 헤밍웨이를 좋아하는 외국인 친구를 만나 함께 대화를 나누다가 "헤밍웨이가 뭐야? 혹시 브랜드 이름이야?"라고 물어보지나 않을까 진심으로 걱정될 때도 있습니다. 하지만 학교에서 10년 이상 열심히 영어를 배웠다면 최소한 영문학의 '101' 정도는 알고 있어야 하지 않을까요?

한국말이 조금 서툴고 발음도 완벽하지 않은 외국인이 있다고 가정해봅시다. 그러나 그 외국인은 "죽는 날까지 하늘을 우러러 한 점 부끄럼이 없기를"이라는 부분을 좋아해서 윤동주의 「서시」를 외워 낭송할 수 있습니다. 그 옆에는 한국어 발음도 좋고 유창성도 매우 뛰어난 외국인이 있습니다. 그러나 "나보기가 역겨워 가실 때에는 말없이 고이 보내 드리오리다"가 도대체 무슨 말이냐, 윤동주는 어디에 사는 누구냐, 춘향이는 혹시 드라마 주인공이냐 등등의 질문을 제법 유창한 한국말로 물어봅니다. 둘 중 한국어를 더 잘하는 외국인은 누구이며, 앞으로의 발전 가능성과 잠재력이 더 큰 사람은 또 누구일까요? 그저 '말'만 잘하는 외국인보다는 우리 문학을 알고 이해하며 즐길 줄 아는 외국인이 훨씬 더 정이 가고 멋있어 보이지 않나요? 저라면 첫 번째 외국인이 「서시」를 외워서 낭송하는 순간 어설픈 발음과 서투른 문법을 모두 눈감아줄 수 있는 아량이 마구 샘솟을 것 같습니다.

영어 원어민들 역시 마찬가지일 것입니다. '영어'를 잘하기 위해서는 영어 회화 실력도 중요하고 영어 문법도 잘 알아야 합니다. 하지만 '영어'라는 언어로 표현된 작품들을 즐기면서 그들의 문화와 생각, 삶의 모습과 감정까지도 공부하는 것이 진정 '슬기로운 영어 공부'가 아닐까요?

입시 위주의 교육과 현행 평가 체제하에서도 '어떻게든 해외 문학과 고전을 읽을 수 있도록 도와주고 이끌어주는 것이 지혜로운 어른들의 역할이 아닐까?' 하는 생각이 들 때가 있습니다. '애플(Apple)'의 창업자 스티브 잡스(Steve Jobs)는 '애플을 만든 결정적인 힘은 학창 시절의 고전 독서 프로그램'이었다고 말한 적이 있습니다. 소크라테스와 식사할 기회를 준다면 애플이 가진 모든 기술을 그 식사와 바꾸겠다고도 했지요. 『일리아드』를 외울 정도로 고전을 좋아한다는 마크 저커버그(Mark Zuckerberg) 역시 '페이스북(facebook)'을 구상하는 과정에서 고전 서사시 「아이네이스(Aeneis)」가 큰 도움이 되었다고 말했습니다.

외국 고전과 영문학 작품들을 즐기면서 슬기롭게 영어를 공부하는 경험은 훗날 우리 학생들의 인생에서 더욱 알차고 값진 결실로 이어질

190

ΙΛΙΑΣ

Μῆνιν ἄειδε, θεά, Πηληιάδεω Ἀχιλῆος
οὐλομένην, ἣ μυρί' Ἀχαιοῖς ἄλγε' ἔθηκε,
πολλὰς δ' ἰφθίμους ψυχὰς Ἄϊδι προΐαψεν
ἡρώων, αὐτοὺς δὲ ἑλώρια τεῦχε κύνεσσιν
οἰωνοῖσί τε πᾶσι· Διὸς δ' ἐτελείετο βουλή·
ἐξ οὗ δὴ τὰ πρῶτα διαστήτην ἐρίσαντε
Ἀτρεΐδης τε ἄναξ ἀνδρῶν καὶ δῖος Ἀχιλλεύς.

그리스어 일리아드의 글머리.

것입니다. 학교 밖 세상에는 시험 문제보다 더 크고 중요한 문제들이
가득할 텐데, '슬기로운 영문학 공부'는 그 문제들을 풀어낼 수 있는
'슬기'가 되어줄지도 모를 일입니다.

   어른의 한 사람으로서 우리 학생들에게 '영어'가 시험 범위나 학습
대상이 아니라 '문학과 예술의 매개체'가 될 수도 있다는 것을 알려주
고 싶습니다. 다른 나라의 시와 소설을 그 나라의 언어로 직접 이해하
고 감상한다는 것이 얼마나 멋지고 즐거운 경험인지도 가르쳐줄 수 있
다면 좋겠습니다. 꾸준히, 그리고 정말 열심히 영어를 공부해온 학생에
게는 시험 점수보다 더 값진 '슬기'를 선물 받을 기회도 주어져야 할 것
입니다.

영어는 세계공용어가 되었습니다. 영어로 기록된 작품들도 이제는 영국인과 미국인만의 전유물이 아닙니다. 영문학 작품들은 세계인들이 가장 쉽게, 그리고 가장 많이 읽을 수 있는 장르입니다. 지금은 영어를 모국어로 사용하는 사람들뿐 아니라, 전 세계 다양한 나라의 사람들이 영어로 작품을 읽고 또 쓰고 있답니다. 영문학 공부는 세계 여러 나라 사람들과의 '인문학적 공통분모'를 만들어줄 수도 있습니다. 영문학 작품을 즐겨 읽으며 '슬기로운 영어 공부'를 하다 보면 영어 실력 또한 눈에 띄게 향상될 것입니다. 재미있는 영문학 작품에 푹 빠져 신나게 읽는 동안 "읽기는 언어를 배우는 최상의 방법이 아니다. 그것은 유일한 방법이다."라고 했던 미국의 언어학자 크라센(Stephen Krashen)의 말이 현실이 될지도 모른답니다.

영국 문학의 시작

영문학의 출발점을 찾아보기 위하여 그 옛날 1500년 전의 브리튼섬으로 다시 가보겠습니다. 그러나 찬란한 영문학사의 서막을 여는 '첫 번째 작품' 혹은 '첫 번째 작가'를 찾는 일은 쉽지 않습니다. 모든 나라가 마찬가지겠지만, 문자가 없던 시절에는 사람들의 입에서 입으로 재미난 이야기들이 전해졌기 때문입니다. '고대 영시'로 널리 알려진 작품들도 제목이 없거나 작자 미상인 경우가 많습니다. 구전되던 이야기들은 문자가 발달하고 나서야 비로소 기록으로 남겨졌을 것이며, 훗날의 학자들이 발견하여 '고대 영문학 작품'으로 분류하였을 것입니다.

고대 영문학 작품들을 읽어보면 당시 브리튼섬에 살고 있었던 사람들의 감정과 생활상을 엿볼 수 있습니다. 그 어떤 역사책보다 생생하게 그 시절의 모습을 그려내고 있답니다. 1500~2000년 전의 브리튼섬에는 크고 작은 전쟁들이 수시로 발생했으므로 고대 영문학 작품에도 전쟁과 영웅에 관한 이야기들이 많았습니다. 운명을 받아들이고 순응하는 태도, 인생의 슬픔과 덧없음, 힘겨운 일상, 신비로운 요소와 기독교적 색채 등도 찾아볼 수 있습니다.

현존하는 영문학 최초의 작품이자, 고대 영문학 연구에서 가장 중요하게 다루는 작품은 바로 『베오울프(Beowulf)』입니다. 작가가 알려지지는 않았으나, 앵글로색슨족이 쓴 이야기일 것으로 추정되고 있습니다. 베오울프는 3,182행으로 이루어진 '영웅 서사시'이며, 할리우드 영화로도 만들어지고 게임과 소설에서도 종종 활용될 만큼 인기있고 유명

J. R. 스켈레톤이 1908년에 그린 그림. 베오울프가 용과 싸우는 장면을 묘사했다.

한 작품입니다. 당시에는 모두가 간절히 원했을지도 모를 용맹스러운 영웅의 모습이 잘 드러나 있으며, 명예로움, 충성심, 영광스러운 죽음과 인생무상 등도 표현되어 있습니다.

줄거리도 꽤 흥미진진합니다. 용감한 전사였던 베오울프는 식인 괴물 그렌델을 죽이고, 그렌델의 어미까지 물리친 후 왕의 자리에 오르게 됩니다. 베오울프 왕은 그로부터 50년간 태평성대를 누렸으나, 난데없이 화룡이 나타나서 나라를 어지럽힙니다. 하지만 노왕 베오울프는 용감무쌍하게도 화룡을 물리쳤고, 그 자리에서 장렬히 전사하면서 대서사시의 막이 내립니다.

『베오울프』는 지금 읽어도 충분히 재미있는 내용을 그리고 있으며, 고대 영어로 기록된 영문학 최초의 서사시라는 점, 두운(alliteration)과 완곡대칭법(kenning) 등의 표현 기법이 잘 살아 있다는 점 등이 특징입니다. '완곡대칭법'이란 하나의 명사를 복합어로 표현하는 수사 기법인데, 예를 들어 『베오울프』에서는 '바다'를 '바다'라고 표현하지 않고 '고래의 길'이라고 표현하였습니다. '강'은 '백조의 길'로 표현하였고 '전투'는 '무기들의 집회', 태양은 '하늘의 촛불'로 표현하였습니다. 그 시절에 정식으로 문학을 공부하지 않았던 사람들이 이와 같은 수사 기법을 활용하면서 창의적이고 재치 있게 문학적 감성을 나타냈다는 점이 재미있고도 놀랍습니다.

그러나 중세가 시작되면서 '영문학'은 침체기에 접어듭니다. '노르만 정복' 이후 프랑스어 방언과 정통 프랑스어가 귀족층과 지식인의 언어가 되고, 영어는 백성들의 언어로서 겨우 명맥만을 유지했기 때문입니다. 게다가 중세에는 기독교와 교회가 사람들의 삶과 사고, 가치관에 막대한 영향을 미쳤으며, 문인들도 순수 문학 작품보다는 종교적인 글들을 라틴어로 작성하던 시대였습니다.

14세기가 되어서야 중세 영문학에도 서서히 빛이 보이기 시작합니다. 14세기 영국 사회는 여러 면으로 변화하던 시기였습니다. 영국인들의 민족적, 문화적 각성이 빛났던 시기였지요. 영국 사람들은 종교와 정치적 부패 및 불합리성에 대해 인식하기 시작했습니다. 중세 영문학에서 가장 중요한 작가로 평가받는 제프리 초서(Geoffrey Chaucer, ca.1343-ca.1400)도 바로 이 시기에 등장했던 인물입니다. '영시의 아버지'라고도 불리는 초서는 『캔터베리 이야기(The Cantebury Tales)』라는 유명한 작품을 남기며 영문학사에 한 획을 그었습니다. '캔터베리'라는 성지로 향하는 순례자들이 서로 주고받는 흥미진진한 이야기들을 통해 초서는 14세기 영국의 시대상과 생활 모습을 보여주었습니다. 기사, 수도승, 수녀원장, 요리사, 의사, 변호사, 마부, 중산층 지주, 옥스퍼드 대학생 등 다양한 인물들이 주고받는 24개의 이야기를 읽다 보면 초서의 입체적인 인물 설정과 표현력, 해학, 수준 높은 사회 풍자와 유머 감각에 감탄하게 됩니다. 또한, 영국 최초의 인쇄업자 윌리엄 캑스턴

에드워드 3세 궁정의 초서(포드 매덕스 브라운).

덕분에 책으로 출간되면서 『캔터베리 이야기』는 더욱 널리 알려지게 되었답니다.

중세 영문학에서 주목할 만한 또 다른 장르는 로맨스(romance) 문학입니다. 원래 '로맨스'는 로마 라틴어의 방언이라는 의미였고, 로맨스 문학은 '라틴어 방언으로 쓴 하찮은 글' 정도의 뜻을 지녔다고 합니다. 정통 라틴어로 작성되는 '중요하고 진지한 문서'가 아니라는 의미이기도 합니다. 로맨스 문학에서는 주로 용감한 기사들의 이야기나 모험

담, 사랑과 연애 이야기, 초자연적이고 신비스러운 요소를 다루었습니다. 중세 로맨스 문학에서 눈여겨볼 작품은『가웨인 경과 녹색 기사(Sir Gawain and the Green Knight)』입니다. 이 작품은『아서왕의 전설』가운데 원탁의 기사를 바탕으로 하고 있으며, 이상과 현실 사이의 갈등과 기사도 정신을 잘 표현하고 있습니다. 비록 작자 미상이지만 문학적 가치가 높아 '중세 로맨스 문학의 백미'로도 평가받는 작품입니다.

하지만 고대 영어와 중세 영어로 기록된 영문학 작품들을 원문 그대로 읽는 것은 쉬운 일이 아닙니다. 우리가 「관동별곡」을 원문 그대로 읽는 것이 힘든 것처럼 말입니다. 저도 대학 다닐 때『베오울프』와『캔

켄터베리 시내에 세워진 초서 동상.

터베리 이야기』를 공부하는 것이 극도로 힘들었음을 솔직하게 고백합니다. 그러나 영미 문화권을 이해하기 위해서는 번역본일지라도 꼭 한번 읽어볼 가치가 있는 작품들입니다. 당시 유럽의 문화와 역사, 삶의 모습을 생생하게 느낄 수 있으며, 소재와 내용이 흥미진진하여 '읽는 재미'도 쏠쏠합니다. 고대와 중세 영문학 작품들은 서구권에서는 거의 상식에 가까울 정도로 잘 알려져 있으며, 오늘날에도 종종 여러 매체와 작품에서 모티브가 되기도 한답니다.

영국 문학의 꽃봉오리, 16세기

바야흐로 15세기가 되면 유럽 대륙은 르네상스와 종교개혁을 겪게 되고, 정치, 사회, 문화, 학문, 예술 등에서 급격한 변화를 맞이합니다. 영국도 예외는 아니었습니다. 30년간의 장미전쟁이 끝나고 헨리 7세가 왕위에 오르면서 튜더 왕조가 시작되었습니다. 튜더 왕조는 근대 국가의 틀을 확립하였으며 스페인 무적함대 격파로 유명했던 엘리자베스1세 여왕은 대영제국의 서막을 열었습니다. 국가의 번영과 더불어 학자와 문인들이 활약하였고, 영문학 역시 더욱더 발전할 수 있었습니다. 16세기는 이른바 '영문학의 꽃봉오리'와 같은 시기였다고 해도 과언이 아닐 것입니다.

유럽에서 소네트(sonnet)라는 새로운 시의 형식이 도입되었고, 하느님을 노래하던 시인들이 인간을 위해 노래하기 시작했습니다. 여성의 아름다움과 이성을 향한 사랑, 그리고 사랑의 슬픔과 아픔도 이제 문학작품의 소재가 되었습니다. 당시 유명한 시인으로는 필립 시드니(Sir Philip Sidney, 1554-1586)와 에드먼드 스펜서(Edmund Spenser, ca.1552-1599)가 있었습니다.

예전에는 옥스퍼드나 케임브리지 대학을 졸업한 사람들은 당연히 성직자나 학자가 되었으나 16세기에는 이렇게 훌륭한 '대졸' 인재들이 드라마 작가가 되기도 했습니다. 덕분에 드라마의 수준이 높아졌고 연극이 발달하였으며 상설 극장이 세워지기도 했습니다. 크리스토퍼 말로(Christopher Marlowe, 1564-1593)는 엘리자베스 왕조 시대에 활약했던 대졸 출신 대표 극작가였습니다.

영국 역사상 최고로 위대한 극작가로 평가받는 윌리엄 셰익스피어(William Shakespeare, 1564-1616)가 활약했던 시기도 바로 16세기였습니다. 셰익스피어는 '너무나' 훌륭한 작품을 '너무' 많이 남긴 탓에 아직도 각종 의혹에 휩싸인 인물입니다. '셰익스피어라는 이름으로 여러 사람이 함께 작품을 쓴 것이다', '어느 귀족의 필명이었을 것이다', '실제 존재했던 인물이 아닐 것이다', '귀족이 아닌데 이렇게까지 귀족의 이야기를 상세하게 그려낼 순 없다' 등등 셰익스피어를 둘러싼 논란은 아직도 끝이 없습니다.

진실은 알 수 없지만, 이 위대한 문호는 '1564년 영국 중부의 조그만 도시에서 태어났고, 대학 교육을 받지는 못했지만 1590년경부터 약

20년 동안 37편의 극작과 3권의 시집, 154편의 소네트(sonnet)를 남겼다.'라고 역사는 기록하고 있습니다. 사람들은 흔히 셰익스피어를 극작가로 알고 있지만 사실 그가 남긴 소네트들도 눈여겨볼 필요가 있습니다. 소네트는 유럽 대륙에서 도입된 14행의 서정시인데, 셰익스피어가 애용했던 소네트 시형은 이른바 '영국식' 소네트로서 당시 유럽 전역에서 유행하던 이탈리아식 소네트와는 또 다른 형태였습니다. 희곡은 분량이 많지만, 소네트는 길이가 짧아서 셰익스피어의 매력을 느끼고 싶을 때 잠깐씩 읽으면 좋습니다. 셰익스피어 소네트 18번은 제가 가장 좋아하는 작품이기도 합니다.

sonnet 18

Shall I compare thee to a summer's day?
Thou art more lovely and more temperate:
Rough winds do shake the darling buds
   of May,
And summer's lease hath all too short
   a date;
Sometime too hot the eye of heaven shines,
And often is his gold complexion dimm'd;
And every fair from fair sometime de-
   clines,
By chance or nature's changing course un-
   trimm'd;
But thy eternal summer shall not fade,
Nor lose possession of that fair thou ow'st;
Nor shall death brag thou wander'st in his
   shade,
When in eternal lines to time thou grow'st;
So long as men can breathe or eyes can see,
So long lives this, and this gives life to thee.

그대를 여름날에 비할 수 있으리?
그대는 여름날보다 아름답고 부드럽소.
거친 바람은 오월의 귀여운 꽃봉오리를 흔들고,
여름의 생명은 너무나도 짧지요.
하늘의 눈은 때로는 너무 뜨겁게 비추고,
황금빛 얼굴은 종종 흐려지기도 합니다.
모든 아름다운 것들도 언젠가는 그 아름다움이 쇠하리니,
우연이나 자연의 변화에 따라 아름다움은 빛을 잃게 되지요.
그러나 그대의 영원한 여름은 바래지 않을 것이고,
그대의 아름다움을 잃는 일도 없을 것이며,
죽음도 그대가 자신의 그늘을 배회한다고 자랑할 수는 없으리.
그대가 이 영원한 시행 속에서 시간과 하나가 된다면,
사람들이 살아 숨을 쉬고 그 눈들이 이 시를 볼 수 있다면,
이 시가 영원히 살아남아 그대에게 생명을 줄 것이라오.

셰익스피어의 극 작품은 워낙 대흥행했으므로 셰익스피어 극단의 전용 극장(The Globe)이 따로 있을 정도였습니다. 그의 대작을 일일이 열거할 수는 없겠지만, 오늘날에도『로미오와 줄리엣(Romeo and Juliet)』『한여름밤의 꿈(A Midsummer Night's Dream)』『베니스의 상인(The Merchant of Venice)』 등은 연극 무대와 영화에 꾸준히 올려지는 인기 좋은 작품들입니다. 이른바 '셰익스피어 4대 비극'이라고 일컬어지는 작품들도 전 세계 독자들에게 여전히 사랑받고 있습니다. "To be or not to be, that is the question."으로 시작하는『햄릿(Hamlet)』『오델로(Othello)』와『리어왕(King Lear)』『맥베스(Macbeth)』 모두 학창 시절에 꼭 한 번씩은 읽어보는 작품들이지요. 마지막 작품이라고 알려진

요정과 함께 춤을 추는 오베론, 티타니아, 퍽(윌리엄 블레이크 그림, 1786년경).

『템페스트(The Tempest)』에 이르기까지, 셰익스피어 한 사람이 다 썼다고는 믿을 수 없을 만큼 '너무 많은' 걸작을 남긴 덕분에 지금도 수많은 영문학자가 셰익스피어 연구에 열중하고 있답니다.

17세기와 18세기의 영국 문학

　브리튼섬의 17세기는 굉장히 혼란스럽고 복잡한 시기였습니다. 제임스 1세의 즉위와 함께 스튜어트 왕조가 시작되었지만, 얼마 지나지 않아 '청교도 혁명'이라는 역사적인 사건이 발생하였습니다. '청교도(puritan)'라는 명칭은 말 그대로 '정화하다, 깨끗하고 청결하게 하다'라는 뜻을 지닌 영어 단어 'purify'에서 유래하였습니다. 영국국교회를 깨끗하게 하겠다는 의미였습니다. '청교도 혁명'으로 인하여 당시 국왕이었던 찰스 1세는 처형을 당하였으며 올리버 크롬웰(Oliver Cromwell)이라는 인물이 사실상 통치자의 자리에 앉게 되었습니다. 하지만 크롬웰의 공화정(Commonwealth)은 겨우 11년 만에 막을 내리고 말았고, 프랑스에서 망명 중이던 찰스 2세가 왕으로 복귀하면서 이른바 '왕정복고'가 이루어졌습니다. 이처럼 한 치 앞도 내다볼 수 없을 만큼 매우 복잡하고 급격하게 변화하는 정치적 상황, 어느새 시민들의 삶에 깊이 배어든 청교도주의(Puritanism), 왕정복고와 함께 다시 찾아온 자유로운 분위기와 화려한 궁정 생활, 성경의 영어번역(KJV: King James Version) 완성 등은 당대 영문학 작품에도 큰 영향을 미쳤습니다.

17세기 전반에는 유명한 시인들이 많았습니다. '카르페 디엠(Carpe Diem)'을 노래하면서 우아하고 세련된 스타일의 시를 썼던 왕당파 시인들도 있었고, 훗날 '형이상학파' 시인이라 불리던 시인들도 있었습니다. 전혀 어울리지 않을 것 같은 이미지들을 하나의 비유로 위트 있게 통합하면서 '부조화 속의 조화'를 꾀했던 시인들을 '형이상학파' 시인이라고 하는데, 가장 대표적인 인물은 존 던(John Donne, 1572-1631)이었습니다.

한편 왕당파와 형이상학파 어디에도 속하지 않았으나 이 시기 대표 시인이라 평가받는 시인도 있었습니다. 『실낙원(Paradise Lost)』이라는 대작을 남긴 존 밀턴(John Milton, 1608-1674)입니다. 존 밀턴은 청교도인의 신앙심을 가지고 있어서 공화정에 찬성하는 글까지 썼던 사람인데, 갑작스러운 왕정복고 이후 입장이 매우 곤란하게 되었습니다. 겨우 처형을 면하고 살아남기는 했으나 그간 스트레스가 심했는지 40대 중반의 나이에 그만 실명(失明)을 하고 맙니다. '셰익스피어에 버금가는 대시인'으로 평가받는 데 결정적 역할을 했던 그의 대표작 『실낙원』은 실명 상태의 밀턴이 시를 불러주면 아내와 딸들이 받아 써가며 힘겹게 완성했던 작품이었습니다.

밀턴의 딸이 아버지가 이야기하는 시를 받아 적고 있다(외젠 들라크루아).

　18세기가 되면서 영국은 정치, 경제, 과학, 종교 면에서 근대화가 이루어졌으며 연이은 식민지 개척으로 대영제국의 대외적 세력도 확장되었습니다. 외국과의 무역과 교류가 활발해지면서 '중산층'이라는 새로운 계층도 생겨났습니다. 타고난 귀족은 아니지만, 경제적인 부를 획득할 수 있었던 중산층은 영문학의 발달에도 지대한 영향을 미쳤답니다. 과거에는 귀족 취향의 우아한 영시가 영문학의 주류였다면 이제부터는 새로운 문학 장르가 급부상하게 되게 되는데, 이 새로운 장르는 바로 '소설'이었습니다. 강력한 구매 세력이었던 '중산층'을 중심으로 소설이 인기를 끌면서 앞으로는 '소설'이 영문학의 대표 장르로 확고히 자리 잡게 됩니다.

돈도 시간도 많았던 중산층 여인들은 책을 즐겨 읽었습니다. 소설은 그녀들에게 그야말로 '취향 저격'이었겠지요. 귀족이 아니라 자신들에게도 있을 법한 그럴싸한 이야기들을 일상적인 언어로 재미있게 표현했던 소설은 중산층 여인들을 사로잡기에 충분했답니다. 게다가 교육의 발달로 인한 문맹률의 하락, 인쇄 기술과 출판산업의 발전, 책 한 권 값이 서민들의 일주일 생활비와 맞먹던 시절에 순회도서관이 생겨난 것 또한 소설의 유행에 한몫했습니다. 귀족뿐만 아니라 '대중 독자층'이 확대된 것은 영문학의 발전에 있어 아주 큰 힘이 되어주었습니다. 덕분에 대니얼 디포(Daniel Defoe, 1660-1731)의 『로빈슨 크루소(Robinson Crusoe)』(1719)와 조너선 스위프트(Jonathan Swift, 1667-1745)가 쓴 『걸리버 여행기(Gulliver's Travels)』(1726)와 같은 수작들이 인기를 끌면서 근대 소설의 토대를 닦았습니다.

특히 대니얼 디포의 『로빈슨 크루소』는 영국 최초의 근대적인 소설로 평가받는 작품입니다. 디포는 주인공 '로빈슨 크루소'가 무인도에서 생활하는 모습을 마치 자신이 실제로 겪었거나 직접 본 것처럼 정교하고 사실적으로 그려냈습니다. '실화 아닌 실화인 듯' 실감 나는 묘사와 간결한 문체도 눈여겨볼 부분입니다.

대니얼 디포의 「로빈슨 크루소」에 나오는 섬 그림 지도.

저도 대학에서 이 작품을 배운 적이 있었는데, 한 학기 내내 분석해도 모자랄 만큼 논의 사항과 시사점이 많았던 작품이었습니다. 로빈슨 크루소가 다른 물건은 다 바다에 던져도 성경책만은 꼭 챙긴 점, 그리고 아무도 안 보는 무인도에서 매일 일기를 쓰면서 근면 성실하게 생활하는 점 등에서 '청교도주의'를 확인할 수 있으며, 흑인 프라이데이(Friday)를 충실한 하인으로 길들여가며 '주인님'이라고 부르게 하는 모습에서는 일종의 '제국주의'를 엿볼 수 있다고 분석하면서 열심히 리포트를 썼던 기억이 납니다.

『걸리버 여행기』는 어렸을 때 참 재미있게 읽었던 작품입니다. 그러나 놀랍게도 제가 읽었던 책은 아동용 걸리버 여행기, 혹은 동화용으로 각색된 책들이었습니다. 스위프트가 썼던 『걸리버 여행기』 원작은 동화도 모험담도 아니고 '풍자소설'이었습니다. 『걸리버 여행기』는 지금까지도 풍자 문학의 진수로 평가받는 대작이랍니다. 원작을 찬찬히 읽어보면 걸리버가 겪었던 사건 하나하나가 사실은 당시 영국 사회와 정치, 인간의 부정적 내면을 신랄하게 풍자하고 있다는 것을 알 수 있습니다. 『동물 농장(Animal Farm)』과 『1984』의 작가 조지 오웰(George Orwell, 1903-1950)이 '아무리 읽어도 지겹지 않다'라고 극찬한 작품이기도 하지요. 게다가 『걸리버 여행기』 3부의 일러스트를 자세히 보면 일본 서쪽 바다를 'Sea of Corea'라고 명백하게 표기하고 있으므로 '사료로서의 가치'도 큰 작품이랍니다.

걸리버 여행기 삽화. 거인국 '브로브딩내그'에 도착한 걸리버.

'18세기 영소설'이라는 수업 시간에 정말 열심히 공부했던 작품들이 있습니다. 바로 새뮤얼 리처드슨(Samuel Richardson, 1689-1761)의 『파멜라(Pamela)』(1740)입니다. 이 작품은 서간체 소설이며, 여주인공 파멜라 앤드류스(Pamela Andrews)가 부모님께 전하는 편지글의 형식을 취하고 있습니다. 한국에서는 『로빈슨 크루소』나 『걸리버 여행기』처럼 잘 알려지지는 않았으나 영문학의 역사에서는 절대 빠질 수 없는 작품이랍니다.

『파멜라』는 15세 소녀 일인칭 주인공 시점에서 의식과 감정의 흐름에 따라 이야기를 진행합니다. 내용도 재미있고 심리 묘사도 탁월하며 문장도 짧은 편이라 술술 잘 읽히는 소설이기도 합니다. 순결한 소녀 '파멜라'는 어느 귀족 미망인의 하녀였지만, 귀족 미망인이 죽은 후 그녀의 아들 Mr. B가 자꾸만 파멜라를 농락합니다. 하지만 착하고 도덕적인 파멜라는 끝까지 절개를 지켰고, 이에 감동한 Mr. B가 자신의 잘못을 뉘우치고 파멜라와 정식으로 결혼하면서 해피 엔딩을 맞습니다. '신데렐라' 같은 이야기는 당시 유럽에서 큰 인기를 끌었고 이른바 '파멜라 패션'이 유행할 정도였다고 합니다.

그러나 사실 저는 『파멜라』만으로 한 학기를 보내지는 않았습니다. 18세기 영국에서 『파멜라』가 선풍적인 인기를 끌자 헨리 필딩(Henry Fielding, 1707-1754)이라는 작가가 『파멜라』의 패러디 작품 『샤멜라(Shamela)』(1741)와 『조셉 앤드류스(Joseph Andrews)』(1742)를 내놓았으므로 결국 '18세기 영소설' 수업에서는 총 세 권의 책을 읽었답니다.

헨리 필딩은 파멜라를 '정숙하고 순결하며 도덕적인 여인'이 아니라, 신분 상승을 도모하는 계산적이고 세속적인 여인, 나아가 '주인집 도련님을 유혹한 앙큼한 하녀'로 보았습니다. 작품 제목에서도 은근히 표현되고 있는 'sham'이라는 단어는 '가짜' 혹은 '거짓'을 뜻하므로 'Shamela'라는 이름도 '거짓말쟁이 가짜 파멜라'라는 의미였을 것입니다.

영문학 최고의 패러디 작품 『샤멜라』가 엄청난 인기와 성공을 거두자, 헨리 필딩은 이듬해에 『조셉 앤드류스』를 발표합니다. 이 또한 『파멜라』의 패러디 작품인데, 이번에는 설정이 더 기발합니다. 남자 주인공 조셉은 파멜라와 똑같은 상황을 맞게 되지만, 해고되어 쫓겨날지언정 끝까지 일관성 있게 귀족 여인의 유혹을 뿌리칩니다. 파멜라처럼 귀족과 결혼해서 신분 상승을 하지 않고 시골 처녀와 결혼해서 소박하게 살아가려는 조셉을 통해서 작가 헨리 필딩은 '파멜라는 세속적인 여성'이라는 점을 다시 한번 부각하고 싶었던 것입니다. 이 작품은 전작보다 더 큰 인기를 얻었고, 패러디 작품이라기에는 작품성과 문학적 가치가 뛰어났기에 헨리 필딩을 18세기 대표 작가의 반열에 올려놓습니다. 물론 '리처드슨'이 없었다면 '헨리 필딩'도 없었을 테니, 그 영광의 일부는 '새뮤얼 리처드슨'에게 돌려야 할 것 같기도 합니다.

18세기 후반의 영국 문학

영문학에서 '낭만주의(Romanticism)'라고 일컫는 시대는 윌리엄 워즈워스(William Wordsworth, 1770-1850)와 새뮤얼 콜리지(Samuel Coleridge, 1772-1834)의 『서정 민요집(Lyrical Ballads)』이라는 시집이 발간된 1798년부터 시작되었습니다.

사실, 18세기 후반의 유럽은 전혀 낭만적이지 않았습니다. 영국에서는 산업혁명이, 가깝고도 먼 나라 프랑스에서는 프랑스 혁명이라는 역사적인 사건이 진행 중이었습니다. 이토록 혼란스러운 시기에 워즈워스와 콜리지는 영문학의 '낭만주의' 시대를 열었습니다. 바깥세상은 정신없이 변해갈지라도 자연 풍경, 감정의 자연스러운 분출, 소박한 삶, 소소한 일상, 상상력과 감상에 집중하고자 시를 썼던 그들에게 동시대인들도 전폭적인 공감과 지지를 보냈을 것입니다. 수선화를 보면 곧 워즈워스의 '나는 구름처럼 외로이 방황했네(I Wandered Lonely as a

Cloud)'라는 시를 떠올릴 수 있는 감성이 꼭 필요했던 시대였습니다.

I Wandered Lonely as a Cloud

I wandered lonely as a cloud
That floats on high o'er vales and hills,
When all at once I saw a crowd,
A host, of golden daffodils;
Beside the lake, beneath the trees,
Fluttering and dancing in the breeze.

나는 외로이 방황했네.
골짜기와 산 위를 높이 떠도는 구름처럼
그러다 문득 한 무리의 꽃을 보았네,
수많은 황금빛 수선화를 -
호숫가 옆, 나무 아래에서
산들바람에 흔들리며 춤을 추고 있네.

1연만 발췌하였지만, 워즈워스가 어느 봄날 하늘에 떠가는 구름처럼 외로이 방황하다가 호숫가에 핀 수선화를 마주했을 때의 기쁨이 그대로 느껴집니다. 산업화로 나날이 각박해지는 도시 생활에 지친 워즈워스가 하늘하늘한 수선화를 보고 느꼈을 감정은 오늘날 우리가 수선

낭만주의 시인 윌리엄 워즈워스(벤자민 로버트 하이든 그림).

화를 보고 느끼는 감정과 크게 다르지 않을 것입니다. 덕분에 이 시는 현대인들에게도 큰 공감과 사랑을 받고 있답니다.

"어느 날 자고 일어나보니 유명해져 있었다(I awoke one morning and found myself famous)"라는 말로도 유명한 '시대의 방탕아'이자 각종 러브 스캔들의 주인공이었던 '조각 미남' 바이런(George Gordon Byron, 1788-1824) 역시 낭만주의를 대표하는 시인이었습니다. 하지만 기행과 방탕한 생활, 종잡을 수 없는 기질 덕에 같은 낭만주의 시인이었던 워즈워스와 콜리지는 그를 '괴물' 혹은 '악마'라고 불렀다고도 하지요.

18세기 후반에는 새뮤얼 존슨(Dr. Samuel Johnson, 1709-1784)과 로버트 번스(Robert Burns, 1759-1796)와 같은 시인들도 있었습니다. 'O my Luve is like a red, red rose'로 시작하는 로버트 번스의 「새빨간 장미(A Red, Red Rose)」라는 시는 아주 유명한 작품입니다. 스코틀랜드 출신 작가답게 스코틀랜드 단어들을 시어로 사용한 점이 특히 매력적입니다. 로버트 번스는 '어여쁜 소녀'를 'beautiful lady'라고 표현하지 않고 스코틀랜드어 'bonnie lass'로 표현했습니다. 그는 6월에 갓 피어난 붉은 장미 같은 어여쁜 소녀에게 '온 바다가 말라버릴 때까지, 바위들이 햇볕에 녹아 없어질 때까지, 인생의 모래알들이 다 떨어질 때까지, 언제까지나 그대를 사랑하겠노라'라고 노래하였습니다. 얼마나 달콤하고 '낭만적'인지요.

로버트 번스.　　　　　　　존 키츠.　　　　　　　1807년의 윌리엄 블레이크
　　　　　　　　　　　　　　　　　　　　　　　(토머스 필립스의 작품).

스물다섯의 짧은 생애를 살면서도 숱한 걸작을 남겼던 비운의 천재 시인 존 키츠(John Keats, 1795-1821) 역시 주목할 만한 인물입니다. '낭만주의 시인의 막내'라고도 불리는 키츠는 의학과 약학을 공부했지만, 문학에 심취하여 시를 쓰고 고전을 번역했습니다. 하지만 그토록 사랑했던 여인 패니 브라운(Fanny Browne)과 약혼한 지 일 년 남짓 지나 결핵으로 생을 마감했습니다. 그는 마지막까지도 약혼녀가 준 선물을 손에 꼭 쥐고 세상을 떠났던 '진정한 낭만주의자'이기도 하지요. 「패니에게(To Fanny)」라는 시를 보면 다음과 같이 열정적으로 사랑을 노래하고 있습니다.

O! let me have thee whole, -all—all—be mine!
오! 그대를 모두 나에게 다오, 모두 모두 나의 것이 되어다오.

이 시기를 살았던 시인 가운데 꼭 언급하고 싶은 시인이 또 있습니다. 바로 윌리엄 블레이크(William Blake, 1757-1827)입니다. 가난한 상인의 아들로 태어났던 블레이크는 산업화 과정에서 무너진 인간성과 당시 지배층을 비판하는 시들을 여럿 남겼습니다.

특히 「굴뚝 청소부(The Chimney Sweeper)」라는 작품은 당시 아동 노동 착취와 인권 유린의 상징과도 같았던 '굴뚝 청소부 소년'을 화자로 내세우면서 비극적 상황을 담담하게 표현하고 있는 걸작입니다. 그 시절 영국에서는 굴뚝에 들어갈 정도로 몸집이 작은 소년들이 새벽마다 이 집 저 집 다니면서 굴뚝을 청소했고, 그러던 중 화상을 입거나 질식해서 죽는 일도 부지기수였습니다. 다섯 살 정도 되는 소년들의 이야기입니다. 말도 안 되는 비극적 상황 속에서 순진하고 천진난만하게 내뱉는 어린아이의 목소리는 읽는 이의 가슴을 먹먹하게 만듭니다. 당시 영국 서민들의 모습을 짐작하는 데 이만한 시가 없답니다.

The Chimney Sweeper
from The Songs of Innocence

When my mother died I was very young,
And my father sold me while yet my tongue,
Could scarcely cry 'weep 'weep 'weep 'weep.
So your chimneys I sweep & in soot I sleep.

굴뚝 청소부

엄마가 돌아가셨을 때 저는 매우 어렸어요.
제 입으로 '굴뚝 닦아요, 닦아, 닦아' 라는 소리를
제대로 내지도 못할 때 아버지는 저를 팔아 버렸어요.
그래서 저는 굴뚝을 청소하고 검댕 속에서 잠을 자요.

There's little Tom Dacre, who cried when his
  head
That curl'd like a lambs back, was shav'd, so I
  said,
Hush Tom never mind it, for when your
  head's bare,
You know that the soot cannot spoil your
  white hair.

And so he was quiet, & that very night,
As Tom was a sleeping he had such a sight,
That thousands of sweepers Dick, Joe, Ned, &
  Jack
Were all of them lock'd up in coffins of black,

And by came an angel who had a bright key,
And he open'd the coffins & set them all free.
Then down a green plain leaping laughing
  they run
And wash in a river and shine in the Sun.

Then naked & white, all their bags left behind,
They rise upon clouds, and sport in the wind.
And the Angel told Tom if he'd be a good
  boy,
He'd have God for his father & never want
  joy.

And so Tom awoke and we rose in the dark
And got with our bags & our brushes to work.
Tho' the morning was cold, Tom was happy &
  warm,
So if all do their duty, they need not fear
  harm.

어린 톰 대커가 있었는데, 양의 등에 난 털처럼 곱슬곱슬한
그의 머리카락이 잘려 나갈 때 그는 울었어요,
제가 말했죠, "울지 마 톰, 신경 쓰지 마, 머리카락 없으면,
검댕이 너의 머리를 더럽힐 수도 없다는 걸 너도 알잖아."

그래서 그는 조용해졌어요, 그리고 바로 그날 밤,
톰이 자고 있을 때 놀라운 장면을 보았어요.
수많은 굴뚝 청소 아이들과 딕, 조, 네드 그리고 잭이
모두 검은 관 속에 갇혀 있었어요.

그런데 빛나는 열쇠를 가진 천사가 다가와서
관을 열고는 아이들을 모두 자유롭게 해주었어요.
웃으면서 아이들은 푸른 들판으로 달려가
강물에 몸을 씻으니 햇살 속에 눈부시게 빛났어요.

발가벗은 채 하얗게 된 몸으로, 모두 가방을 내팽개쳐 둔 채,
구름을 타고 올라 바람 속에서 장난치며 놀았어요.
천사가 톰에게 말하기를, 만약 착한 아이가 되면,
하느님의 아들이 될 것이고, 언제나 기쁠 거란다.

톰은 잠에서 깨어났고 우리는 어둠 속에서 일어나
가방과 솔을 챙겨 일하러 나갔어요.
비록 그 아침은 추웠지만, 톰은 행복하고 따뜻했어요,
모두가 자기의 임무를 다하면 두려워할 필요가 없어요.

18세기 후반과 19세기 초반에도 소설의 인기는 식을 줄 몰랐습니다.
아니, 시간이 갈수록 소설의 인기는 나날이 높아졌다고 표현하는 것
이 더 정확할 것 같습니다. 개인적으로는 파란만장한 삶을 살았던 시
인 셸리(Percy Bysshe Shelley, 1792-1822)의 부인이기도 했던 메리 셸리

1831년 런던에서
콜번과 벤틀리가 출판한
메리 쉘리의 프랑켄슈타인
개정판 앞면용 강철 판화.

1873년
제인 오스틴의
회고록에 실린 초상화.

(Mary Shelley, 1797-1851)의 작품 『프랑켄슈타인(Frankenstein)』을 재미 있게 읽었습니다. 음산하고 음침하면서도 신비와 공포, 으스스한 초자 연적 현상들을 다루고 있어서 '고딕소설(Gothic Novel)'의 대표작이라 고도 하지요.

하지만 200년 가까이 전 세계 독자들을 매료시키는 여류 작가 제인 오스틴(Jane Austen, 1775-1817)에 대해서 이야기하지 않을 수가 없습 니다. 제인 오스틴은 인간의 심리와 성격에 대한 특유의 관찰력을 바탕 으로 당대 사람들의 이야기를 섬세하고 생생하게 작품 속에 녹여냈습 니다. 영국에서 18세기에서 19세기를 살았던 중산층 사람들의 의식과 가치관, 당시 남녀 간의 사랑과 결혼에 대해 알아보기 위해서는 제인 오스틴의 작품을 읽는 것이 단연 최고일 것입니다. 제인 오스틴의 작 품에 나오는 인물들 간의 대화는 워낙 생생하고 재미있어서 영화와 드 라마로도 많이 제작되고 있습니다. 세대와 세월을 초월하는 매력을 가 진 작품들이라 지금도 대중적 인기를 누리고 있지요.

제인 오스틴은 은근한 유머 감각, 재치 있고 발랄한 대화로 독자 를 키득키득 웃게 만드는 힘을 가진 작가이기도 합니다. 『이성과 감성 (Sense and Sensibility)』『오만과 편견(Pride and Prejudice)』『맨스필드 공 원(Mansfield Park)』『엠마(Emma)』모두 일단 읽기만 하면 시간 가는 줄 모를 만큼 재미있는 작품들입니다. 제인 오스틴은 장대한 역사적 배경이나 정치적, 사회적 문제들을 직접적으로 다루지는 않았지만, 작품 곳곳에서 당시 영국 사회의 위선, 물질 만능주의, 허례허식 등을 예리하게 비판하고 있습니다. 무엇보다 '여성'을 작품의 주인공으로 설정하고, 이들의 성장에 주목하고 있다는 점에서도 의의가 큽니다. 제인 오스틴의 소설과 '여성' 작가로서의 위대한 성공은 후세의 수많은 '여성' 작가들의 성장과 발전에도 많은 영향을 주었답니다.

빅토리아 시대의 영문학

영국에서는 빅토리아 여왕이 통치했던 시기 가운데 1832년부터 1901년까지, 그러니까 19세기 중후반을 '빅토리아 시대(Victorian Age)'라고 부릅니다. 빅토리아 여왕은 대영제국의 '해가 지지 않는 나라' 시절을 무려 64년이나 통치했습니다. 그러나 스스로가 폐쇄적인 환경에서 자란 만큼 여왕은 고집 있고 완고한 성격의 소유자였으며, 40대 초반에 남편 알버트 공이 사망한 후 꽤 오랜 시간 검은 상복을 입고 지내기도 하였답니다. 딸들을 유럽의 왕가 곳곳으로 시집보내면서 '유럽의 할머니'라고 불리기도 했으나, 이로 인해 본의 아니게 여왕이 갖고 있던 혈우병 유전자를 유럽의 여러 왕가로 널리 퍼트리기도 했습니다.

'빅토리아 시기'라는 말은 그 자체로 상당히 진지하고 보수적인 느낌을 줍니다. 검소, 근면, 체통, 순결, 엄격한 도덕성 등을 통칭하는 단어로 쓰이기도 합니다. 남자가 아니라 '여왕'이 통치하던 시절임에도 불구하고 당시 여성에게는 선거권이 없었으며 가부장적 가치관이 그 어느 때보다 강하던 시기였습니다. 여성이 직업을 갖는 경우도 드물었습니다. 또한 급격한 산업화와 도시화로 인해 빈부 격차가 커지면서 여러 가지 사회 문제가 대두되었습니다. 적지 않은 아이들이 20세기 초 '아동 노동법'이 생길 때까지 혹독한 노동 착취의 현장에서 힘겹게 살아야만 했지요. 이 시기의 영문학 작품들이 사회 문제를 다루고 비판했던 것은 어쩌면 당연한 일이었는지도 모릅니다.

하지만 19세기 말이 되면서 빅토리아 시대의 보수적 가치들도 서서히 무너지게 됩니다. 빅토리아 여왕의 아들이었던 에드워드 7세도 호탕하고 자유분방한 삶을 살았고, 패션의 선구자이자 각종 스캔들의 주인공이 되어 몸소 '일탈'을 보여주었습니다. 빅토리아 후기가 되면 제법 낯 뜨겁고 관능적인 시와 소설도 등장하는데, 이를 보면 '문학'은 사회적 분위기를 그대로 담아내는 그릇 같기도 합니다.

빅토리아 시대의 대표 시인으로는 알프레드 테니슨(Alfred Lord Tennyson, 1809-1892)과 로버트 브라우닝(Robert Browning, 1812-1889)이 있습니다. 「도버해협(Dover Beach)」이라는 시와 비평가로도 유명한 매튜 아놀드(Matthew Arnold, 1822-1888) 역시 이 시기의 시인입니다. 극작가로는 오스카 와일드(Oscar Wilde, 1854-1900)와 버나드 쇼(George

Bernard Shaw, 1856-1950)가 활약하였습니다.

빅토리아 시대의 소설에서는 사실주의적 기법이 두드러졌습니다. 당시 소설가들은 영국 사회의 모습과 생활상, 사람들의 삶과 애환을 '리얼리즘' 서술 기법으로 그려내곤 하였습니다. 이 시대 주요 작가로는 『더버빌 가의 테스(Tess of the d'Urbervilles)』라는 작품으로 유명한 토마스 하디(Thomas Hardy, 1840-1928)가 있습니다.

브론테 자매 역시 이 시기의 대표 작가들입니다. 샬럿 브론테(Charlotte Brontë, 1816-1855)의 『제인 에어(Jane Eyre)』와 에밀리 브론테(Emily Brontë, 1818-1848)의 『폭풍의 언덕(Wuthering Heights)』, 앤 브론테(Anne Brontë, 1820-1849)의 『와일드펠 홀의 소작인(The Tenant of Wildfell Hall)』은 각각 세 자매의 대표작들이며, 오늘날에도 꾸준히 사랑받는 작품들입니다.

빅토리아 시대에서 가장 주목할 만한 작가는 바로 찰스 디킨스(Charles Dickens, 1812-1870)일 것입니다. 그는 넉넉하지 못한 집안에서 태어나 소년 시절부터 사회생활을 해야 했던 까닭에 여러 부류의 사람들을 만나고 관찰할 수 있었습니다. 그로 인해 다양한 인물 설정이 가능했을 것이며, 사회 곳곳의 모순과 문제점들도 매우 잘 알고 있었습니다. 그의 작품 속에서는 특유의 통찰력과 포용력, 타고난 재치와 유머 감각이 잘 드러납니다. 찰스 디킨스는 『올리버 트위스트(Oliver

Twist)』『크리스마스 캐롤(Christmas Carol)』『데이비드 코퍼필드(David Copperfield)』『어려운 시절(Hard Times)』, 그리고『위대한 유산(Great Expectation)』과 같은 걸작들을 남겼습니다. 늙어서도 2년마다 한 권씩 장편 소설을 쓸 정도로 다작을 했던 작가였기도 합니다.

그의 대표작『올리버 트위스트』는 런던 뒷거리의 도둑, 고아원, 아동 학대, 빈민굴 소년들의 소매치기 생활과 같이 어둡고 무거운 영국 사회의 이면들을 사실적으로 그려내고 있습니다. 온 국민이 올리버를 돌봐 주고 싶어 할 만큼 올리버의 고난을 '리얼'하게 표현했다는 평가를 받기도 했습니다.

찰스 디킨슨은 물질주의와 개인주의에 빠진 사람들이 언젠가는『크리스마스 캐롤』의 스크루지처럼 자신의 잘못을 깨닫고 변화할 수 있을 것이라는 꿈을 꾸고 있었는지도 모릅니다. 하지만 이후『어려운 시절』에서는 또다시 영국 노동자들의 열악한 노동 조건과 비인간적인 영국 사회를 신랄하게 풍자했습니다. 어떻게 보면 찰스 디킨슨은 '소설의 주인공'으로 빈민들을 등장시키면서 독자들이 불편한 사회 문제들을 끊임없이 직시하도록 유도한 것 같기도 합니다. 그의 작품은 전 세계 다양한 언어로 번역되었고, 오늘날에도 아이부터 어른에 이르기까지 폭넓은 독자층이 여전히 즐겨 읽는 이야기가 되었습니다. 덕분에 찰스 디킨스는 '셰익스피어와 더불어 영국을 대표하는 최고의 작가'이자 가장 유명한 영국 소설가 중 한 사람으로 기억되고 있답니다.

20세기 이후의 영문학

20세기 초반의 유럽은 과학과 기술, 의학, 사상과 학문 등 모든 면에서 변화가 많았던 시기였습니다. 지그문트 프로이트(Sigmund Freud)의 정신분석학, 알버트 아인슈타인(Albert Einstein)의 상대성 이론, 찰스 다윈(Charles Darwin)의 진화론, 칼 마르크스(Karl Heinrich Marx)의 사상과 이론 등은 19세기의 세계관과 도덕관, 종교관을 송두리째 뒤흔들기에 충분했습니다. 과학과 학문이 발달하면서 사람들은 이성적이고 합리적인 것들을 추구하게 되었고, 이와 같은 '근대주의'적 사조는 문학과 예술에서도 고스란히 반영되었습니다. 학자들은 20세기 초반을 '모더니즘 시대(Modernism Period)'라고 부릅니다. 영문학 작품 속에서도 기존의 사회질서와 종교, 전통적인 신념보다는 인간의 이성과 합리성을 중시하는 경향이 나타났습니다.

하지만 그렇게 이성적이고 합리적인 세상에서 아이러니하게도 두 차례의 세계대전과 대공황이 발발했습니다. 세계대전은 역사적으로도 중요한 사건이었지만 전쟁의 참혹함을 목격했던 사람들의 사상, 감정, 철학, 문학, 예술에도 큰 영향을 주었습니다. 영국은 연합군과 함께 승리를 거두며 승전국이 되었지만, 마냥 승리에 도취할 수도 없었습니다. 승리가 무색할 만큼 너무 많은 사람이 죽었으며 나라 곳곳에서 적지 않은 피해를 보았기 때문입니다. 두 차례의 세계대전을 겪은 사람들은 서구 문명과 이성 중심주의에 대하여 회의를 느꼈습니다. 점차 절대적 진리와 이성보다는 각자의 생각과 만족을 중시하는 개인주의가 나타나기 시작했고, 탈이성적 사고, 개성과 자율성, 다양성의 존중, 해체주의 등도 등장했습니다. 제2차 세계대전 이후 나타난 이와 같은 움직임은 '포스트모더니즘(Postmodernism)'이라고 불리었습니다. 포스트모더니즘은 마치 모더니즘에 대한 반발과도 같았습니다. 정반대의 사조였으니까요. 이 시기의 영문학 작품 속에서는 상대주의, 회의주의, 주관성, 의식의 흐름 기법, 무의식과 실험정신 등이 나타났습니다.

사실 20세기의 영문학을 빛낸 작가와 작품들은 너무 많은 까닭에 일일이 열거할 수조차 없을 정도입니다만, 가장 먼저 언급하고 싶은 시인은 바로 T. S. 엘리엇(Thomas Stearns Eliot, 1888-1965)입니다. 그는 최초의 모더니즘 작가였으며 '현대 시에 이바지한 뛰어난 선구자'로도 높이 평가받습니다.

엘리엇의 대표작은 단연 「황무지(The Waste Land)」(1922)일 것입니다. 「황무지」에 나오는 '4월은 잔인한 달(April is the cruellest month)'이라는 구절은 우리에게도 꽤 익숙하지요. 매년 4월이 되면 어디선가 한 번씩은 듣게 되는 시구입니다. 엘리엇은 현대인의 공허한 삶을 복잡하고도 비관적으로 표현하였으며, 노벨문학상을 수상하기도 했습니다. 그가 썼던 극시(Dramatic Poetry) 「주머니쥐 할아버지가 들려주는 지혜로운 고양이 이야기(Old Possum's Book of Practical Cats)」는 오늘날 세계적으로 사랑받는 인기 뮤지컬 '캣츠'의 원작이기도 하지요.

윌리엄 버틀러 예이츠(William Butler Yeats, 1865-1939) 또한 20세기 영문학을 빛낸 시인이었습니다. 그는 '아일랜드의 국민 시인'이기도 했습니다. 「이니스프리 호수의 섬(The Lake Isle of Innisfree)」과 「비잔티움으로의 항해(Sailing to Byzantium)」라는 시로 특히 유명하지요. 예이츠의 시와 사랑은 몇 줄로 간단하게 언급하고 지나칠 수 없기에 '슬기로운 영시 공부' 챕터에서 상세하게 다루어보겠습니다.

20세기에는 유명한 소설가들도 많았습니다. 그중 아일랜드를 대표하면서도 모더니즘 문학의 진수를 보여주었던 제임스 조이스(James Joyce, 1882-1941)라는 작가가 있었습니다. 그는 『더블린 사람들(Dubliners)』과 『율리시스(Uulysess)』 『젊은 예술가의 초상(A Portrait of the Artist as a Young Man)』이라는 명작을 남겼습니다. 특히 『율리시스』는 한때 음란 출판물 판정을 받기도 하였고 매우 난해하여 '수많은 영문학자의 논문을 양산한 작품'으로도 유명합니다. 조국 아일랜드와의 불화로 37년간 국외를 떠돌았지만, 작품의 배경은 늘 아일랜드와 더블린이었습니다. 20세기의 '아일랜드'를 느끼고 싶다면 제임스 조이스의 작품을 읽어보면 됩니다.

제임스 조이스만큼이나 '의식의 흐름 기법'으로 유명했던 작가가 있었습니다. 시대를 앞서간 여성관을 보여주었던 버지니아 울프(Adeline Virginia Woolf, 1882-1941)가 바로 그 주인공입니다. 박인환 시인의 「목마와 숙녀」라는 작품에도 등장하는 인물이지요. 그녀는 정식으로 학교에 다니지는 못했지만, 독학으로 쌓은 지식으로 영문학의 걸작들을 남겼습니다. 『댈러웨이 부인』『등대로』『올란도』『자기만의 방』 등이 그

1902년의
버지니아 울프.

녀의 대표작입니다.

『채털리 부인의 사랑(Lady Chatterley's Lover)』으로 유명한 D.H. 로런스(David Herbert Lawrence, 1885-1930)도 한때 세상을 떠들썩하게 했던 작가였습니다. 당시에는 외설스럽고 파격적인 성적 묘사로 인해 곤혹스러운 상황을 겪기도 했지만, '20세기 영국 사회의 인습과 허세, 체면과 예의, 물질문명과 인위성을 비판한 작가'로도 기록되고 있습니다.

조지 오웰(George Orwell, 1903-1950) 역시 20세기 최고의 소설가 중 한 명입니다. 심지어 그의 작품들은 지금도 서점에서 인기가 아주 좋아서 그가 '20세기 작가'라는 사실이 믿어지지 않을 정도입니다. 특히 『동물 농장(Animal Farm)』(1645)과 『1984(Nineteen Eighty Four)』(1949)

D.H. 로런스의
여권 사진으로
버나드 포크에게 보낸
편지에 들어 있었다.

조지 오웰의 증명 사진.

는 우리나라 중고등학생들도 상당히 즐겨 읽는 작품이 되었습니다. 조지 오웰의 작품들은 '영문학의 스테디셀러'이자 청소년들의 필수 독서 목록으로 제대로 자리매김한 것 같습니다. 그의 작품들은 놀랍게도 권력이 존재하는 모든 곳, 그리고 정치가 존재하는 모든 시점에서 '시공 초월'의 보편성을 지닙니다. 20세기 작품이지만 꼭 이번 달에 쓴 것 같고, 영국 작가의 작품이지만 꼭 한국 사람이 쓴 것 같은 매력이 있지요.

20세기에는 문학작품만큼이나 문학에 관한 '비평 이론'도 발달하였습니다. 18세기부터 발달했던 문학 비평 이론들은 20세기에 이르면서 모든 학문 분야의 양적, 질적 성장에 힘입어 더욱 크게 발달할 수 있었습니다. 비평가들의 영향력도 그 어느 때보다 커졌습니다. 대학 다닐 때 한 학기 동안 '영미 비평'이라는 수업을 들은 적이 있었습니다. 당연히 지루하고 어려우리라 생각했는데 의외로 상당히 유익하면서도 색다른 재미가 있었습니다. 영문학 거장들의 비평 이론만 모아서 읽다 보니 문학작품을 감상할 때와는 또 다른 깨달음을 얻을 수 있었습니다. 작품을 읽을 때 가슴으로 느껴졌던 애매하고 뭉클한 것들이 비평가들의 글을 통해 비로소 세련되고 명쾌하게 이해가 되는 기분이 참 좋았습니다. 작가들은 멋있지만, 비평가들은 존경스럽다고나 할까요?

영어와 영어영문학

영국 문학사를 가볍게 훑어보았습니다. 긴 세월 속에 존재했었던 위대한 작가들과 그들의 걸작을 모두 수록하지는 못했습니다. 소개하고 싶은 인물도 너무 많았고 아예 한 챕터를 따로 떼어 다루고 싶은 작품들도 있었지만, 그러지 못해 결과적으로는 아쉬움이 더 큽니다. 영어영문학과 전공 수업에서는 훨씬 더 많은 작가에 대해서 깊이 있게 공부한답니다. 전공과목마다, 교수님들마다 다루는 작품이 다른 경우도 많은데, 제가 공부하고 읽어보았던 작품 위주로 소개하다 보니 작가와 작품 선정에 있어서 다소 주관적이었을 수도 있다는 점을 밝힙니다. 사실 영어영문학 공부란 굉장히 방대하며, 끝이 없는 일이랍니다.

비록 얕고 짧을지라도 영문학에 관한 공부는 '영어'라는 언어를 이해하고 '슬기로운 영어 공부'를 시작하는 데 큰 도움이 될 것입니다. 영문학사의 큰 흐름을 훑어보는 과정에서 매력적으로 다가오는 작가가 있었거나 한번 읽어보고 싶은 작품이 생겼다면 이미 '슬기로운 영어 공부'는 시작된 것입니다.

작가나 작품을 검색해보고 번역본으로 읽다 보면 꼭 영어 원문으로 읽어보고 싶은 부분이 생깁니다. 바로 그때가 영어에 대한 거부감이 사라지고 진짜 '영어' 공부가 시작되는 순간이랍니다. 개인적으로는 '영어'라는 언어를 공부한 것이 가장 보람 있다고 느낄 때는 번역 없이 좋아하는 작품을 읽을 수 있을 때였습니다. 제게 영문학 작품들은 '영어' 공부의 동기가 되기도 하였고, 영어 공부의 슬럼프가 올 때마다 다시 시작할 수 있는 반동 에너지가 되기도 했습니다.

저는 20세기의 영문학까지만 다루었지만, 영문학의 역사는 아직도 진행 중이며 '미완성'입니다. 지구상에서 영어가 사라지지 않는 한 영어영문학도 끝나지 않을 것입니다. 21세기에는 전 세계에서 더욱 다양한 작가들이 '영어'라는 언어를 매개로 저마다의 이야기와 생각, 상상, 느낌을 표현하면서 영문학의 영역을 확장하고 있습니다.

사실, 17세기 이후의 영문학은 '영국만의 문학'이 아닙니다. 18세기 이후부터는 영문학계에서 미국 문학이 차지하는 비중도 상당히 커지기 때문입니다. 혜성처럼 나타난 미국 문학은 어느 순간부터는 자신만의 독자성을 형성하고 유럽의 문학에 영향을 미칠 정도로 '괄목상대' 하게 발전합니다. 그래서 영문학을 제대로 이해하기 위해서는 미국 문학에 대해서도 살펴보지 않을 수가 없습니다.

　다음 챕터에서는 '미국 문학'에 대해 간단하게 소개하려고 합니다. 미국 문학은 영국 문학만큼 기나긴 역사와 전통은 없지만, 또 다른 매력이 있답니다. 무엇보다 영국 문학보다 훨씬 '재미' 있습니다. 비교적 최근에 나온 작품들이라 원서로 읽기에도 좋고, 우리가 미국 영어에 더 익숙해서인지 영국 문학보다 더 술술 읽히는 느낌도 듭니다.

　영문학의 온전한 이해를 위하여 '슬기로운 미국 문학 공부'를 시작해 보겠습니다.

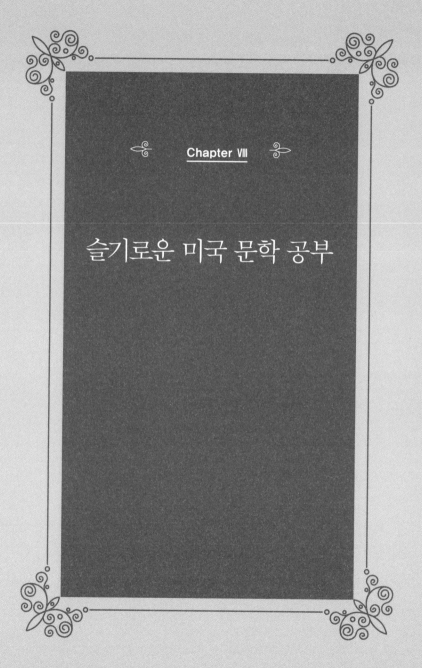

Chapter VIII

슬기로운 미국 문학 공부

미국 문학의 태동기

다른 모든 나라와 마찬가지로 영국의 문학 역시 문자가 없던 아득한 시절부터 시작되었습니다. 사람들의 입에서 입으로 구전되던 이야기들은 어느 날 '고대 영어'로 기록되었으며, 소실되거나 일부분만 남은 작품도 있었습니다. 작자 미상인 경우도 많았습니다.

하지만 미국 문학은 비교적 최근, 문자와 문학이 존재하는 시기에 시작되었습니다. 일반적으로, 17세기 이후 영국 사람들이 아메리카 대륙에 정착하면서 미국 문학의 역사가 시작되었다고 합니다. 물론 훨씬 예전부터 아메리카 대륙에는 원주민(Native American)들이 살고 있었습니다. 최근 들어 원주민들의 이야기와 노래에 관심을 가지고 활발하게 연구 중인 학자들도 많지만, 아직은 원주민의 시가나 구비문학을 '미국 문학'의 기원으로 보지는 않습니다. 1492년에 콜럼버스가 신대

류을 발견한 후 유럽인들이 아메리카 대륙으로 이주하여 남겼던 작품들 또한 '미국 문학'의 범주에 속하지는 않습니다.

1607년에 존 스미스(John Smith)는 미국 버지니아주 제임스 타운(James Town)에 최초로 영국의 식민지를 건설하였습니다. 이후 1620년에 '필그림 파더스(Pilgrim Fathers)'라 불리는 청교도인들이 메이플라워호(Mayflower)를 타고 고국 브리튼섬을 떠나 미국 동부 연안의 플리머스(Plymouth)라는 곳에 정착하였습니다. 이 시기부터 비로소 미국 문학이 시작되었다는 것이 학계의 정설입니다.

하지만 17세기에는 미국 문학이 크게 번성하지는 못했습니다. 종교적 자유를 찾아 새로운 땅에 막 발을 디뎠던 사람들에겐 문학과 예술보다는 정착과 생활이 먼저였을 테니까요. 그리고 이 시기에는 순수 문학보다는 각종 산문과 기록, 자서전, 보고서 등 이른바 '기록 문학'이 발달하였습니다. 굉장히 독실하고 열정적이었던 청교도들은 종교적인 작품도 많이 남겼습니다. 뉴잉글랜드 식민지 시대의 종교, 정치, 경제, 문화, 문학을 지배했던 사상은 '8할'이 청교도주의였다고 해도 과언이 아닐 것입니다.

유럽 사람들에게 신대륙을 소개하거나 자신의 정착 '후기'를 세세히 기록했던 사람들도 있었습니다. 드라마보다 더 드라마 같았던 이야기들과 저마다의 꿈을 고스란히 기록하고 싶었을 것입니다. 특히 존 스미스를 비롯한 초기 정착자들은 아메리카 대륙을 '지상 낙원' 혹은 '기회와 풍요의 땅'이라고 '선전'하는 작품을 많이들 썼다고 합니다. '미국 건국의 아버지들(The Founding Fathers)' 중 한 사람이면서 자수성가한 미국인의 전형이기도 했던 벤저민 프랭클린(Benjamin Franklin, 1706-1790) 역시 주목할 만한 인물입니다. 그는 자신의 『자서전(Autobiography)』에서 절제, 침묵, 질서, 결의, 절약, 근면, 성실, 정의, 중용, 청결, 평정, 순결, 겸손 등 13가지 덕목을 제시하면서 '미국에서는 누구나 성실하게 노력하면 꿈을 이룰 수 있고 성공할 수 있다'라고 강조했습니다. 『자서전』은 소설처럼 재미있는 구성과 희망적인 메시지로 대중적 인기를 누렸으며 지금도 서점가의 스테디셀러 중 하나입니다. 피뢰침과 다초점렌즈를 발명하였고 '프랭클린 플래너'로도 유명한 '다재다능의 대명사' 벤저민 프랭클린은 현재 미국 100달러 지폐 속 인물이기도 하지요.

벤저민 프랭클린.

토머스 페인(Thomas Paine, 1737-1809)이라는 작가의 『상식(Common Sense)』(1776) 역시 18세기 미국에서 상당히 영향력 있었던 작품이었습니다. 토머스 페인의 '상식'이란 바로 미국의 독립이었습니다. '대륙이 섬에 의해 지배받아야만 한다는 생각은 어리석다'라고 외쳤던 그의 '상식'은 뉴잉글랜드 식민지 시대를 살아가는 미국인들의 마음을 움직이기에 충분했습니다. 미국 문학계에서는 1776년 7월 4일에 채택되었던 토머스 제퍼슨(Thomas Jefferson, 제3대 대통령)의 '독립선언문(The Declaration of Independence)' 역시 주요 문학작품의 범주에 넣습니다. 미국 정치사에서 가장 중요한 문서를 문학작품으로 분류할 만큼 미국인들에게는 '독립'이 절실했고 또 중요한 일이었습니다.

토머스 페인
(로랑 다보가 그린
1791년경의 초상화).

19세기, 미국 문학의 형성과 발전

미국 문학이 본격적으로 발달했던 시기는 '미국'이라는 국가가 영국에서 완전히 독립하여 '자강'을 시작하면서부터였습니다. '독립전쟁' 이전에는 미국 문학 역시 태동기에 불과했지만, 독립전쟁 이후에는 미국과 '미국 문학' 모두 꽃길을 걷기 시작합니다. 미국은 비교적 짧은 역사를 지니고 있지만 큼직큼직한 사건들을 연속적, 집약적으로 겪으면서 세계 강대국으로 자리매김하게 되는데, 이 모든 역사의 발판이 되는 사건이 바로 '독립전쟁'이었습니다. 18세기 후반, 그러니까 1775년부터 8년간 이어졌던 독립전쟁에서 승리하면서 미국은 영국으로부터 완전히 독립하게 되었고, 국가 발전의 토대를 확립할 수 있었습니다.

19세기가 되면 미국 문학 역시 영국 문학과는 구별되는 독자적인 색채를 형성하면서 '문학적 독립'을 하기 시작합니다. 당시 문학의 중

심지였던 뉴욕의 니커보커(Knickerbocker) 작가 중 한 명이었던 워싱턴 어빙(Washington Irving)과 '미국 최초의 위대한 소설가'라고 일컬어지는 제임스 페니모어 쿠퍼(James Fenimore Cooper, 1789-1851)는 미국 문학의 색깔을 형성했던 대표적인 작가들입니다. 특히 어빙의 단편소설들은 미국 교과서에도 수록되어 있습니다. 쿠퍼는 서부극의 원조라고도 불리는 『모히칸족의 최후(The Last of the Mohicans)』(1826)라는 작품으로 유명합니다. 그는 백인과 인디언의 관계, 이주민들의 삶, 개척기 미국의 모습, 미국적인 배경과 자연 등을 다루면서 미국 문학만의 색깔을 보여주었답니다.

해군복을 입은 쿠퍼의 초상화
(존 웨슬리 자비스 그림).

1845년경의 에드거 앨런 포
(새뮤얼 스틸맨 오스굿 그림).

하지만 19세기 미국 문학계에서 가장 주목해야 할 작가는 단연 에드거 앨런 포(Edgar Allan Poe, 1809-1849)일 것입니다. 특히 『어셔가의 몰락(The Fall of the House of Usher)』과 『모르그 가의 살인 사건(The Murders in the Rue Morgue)』『검은 고양이(The Black Cat)』는 지금도 인기가 많은 작품이지요. 에드거 앨런 포는 한마디로 추리소설의 창시자였으며, 사람의 심리를 꿰뚫는 탐정 캐릭터를 처음으로 창조하였습니다. 그가 썼던 단편소설들은 훗날 공포소설과 탐정소설, 공상과학소설에 막대한 영향을 끼쳤다고도 하지요. 심지어 그의 단편소설집 이름도 『그로테스크하고 아라베스크한 이야기들(Tales of the Grotesque and Arabesque)』이었습니다.

하지만 에드거 앨런 포는 훗날의 명성과 평가가 무색할 만큼 생전에는 미국 문학계에서 철저히 외면당했습니다. 공포, 두려움, 불쾌함, 우울, 암울, 복수, 살인, 광기 등이 노골적으로 드러나는 작품이 흔치 않던 시절이었기 때문입니다. 사실, 유랑 극단에 버려져 분장실 커튼 뒤에서 자랐다는 그는 지나치게 불행했던 어린 시절을 겪었으며 지독한 가난, 사랑하는 어린 아내의 죽음, 술과 아편, 도박, 우울증, 비참했던 죽음 등등 불운이 연속되는 삶을 살았습니다. '문학사상 가장 불행했던 천재 작가'라고 불릴 정도였으니까요.

에드거 앨런 포의 시도 전혀 낭만적이거나 아름답지 않습니다. 음산하고 무섭기까지 한 「갈까마귀(The Raven)」라는 시가 바로 그의 대표작입니다. 얼핏 보면 「애너벨 리」라는 시도 아름다운 사랑을 노래한 달콤한 시로 보이지만, 에드거 앨런 포가 아내의 죽음 이후 한동안 무덤 주위를 배회하면서 목놓아 울었다는 사실을 알고 읽으면 가슴이 아파 눈물이 나는 시입니다. 「애너벨 리」는 그가 생전 마지막으로 쓴 시이기도 했습니다.

Annabel Lee

It was many and many a year ago,
In a kingdom by the sea,
That a maiden there lived whom you may know
By the name of Annabel Lee;
And this maiden she lived with no other
    thought
Than to love and be loved by me.

I was a child and she was a child,
In this kingdom by the sea,
But we loved with a love that was more than
    love—
I and my Annabel Lee—
With a love that the wingèd seraphs of Heaven
Coveted her and me.

And this was the reason that, long ago,
In this kingdom by the sea,
A wind blew out of a cloud, chilling
My beautiful Annabel Lee;
So that her highborn kinsmen came
And bore her away from me,
To shut her up in a sepulchre
In this kingdom by the sea.

The angels, not half so happy in Heaven,
Went envying her and me—
Yes!—that was the reason (as all men know,

애너벨 리

옛날 아주 옛날
바닷가 어느 왕국에
여러분이 알지도 모를 한 소녀가 살았네
그녀의 이름은 애너벨 리
나를 생각하고 내 사랑을 받는 일 외엔
아무 생각이 없이 살았다네

바닷가 그 왕국 안에서
나도 어렸고 그녀도 어렸지만
나와 나의 애너벨 리는
사랑 이상의 사랑을 하였다네
날개 달린 하늘의 천사조차도
그녀와 나를 부러워할 그런 사랑을

분명 그것이 이유였지, 오랜 옛날
바닷가 이 왕국에는
구름으로부터 불어온 바람이
나의 애너벨 리를 싸늘하게 했다네
그녀의 대단한 친척들이 몰려와
내게서 그녀를 빼앗아갔지
바닷가 이 왕국
무덤 속에 가두고 말았네

우리들 행복의 반도 못 가진
하늘나라 천사들이 시기를 했던 탓.
그렇지, 분명 그 때문이지.

In this kingdom by the sea)
That the wind came out of the cloud by night,
Chilling and killing my Annabel Lee.

But our love it was stronger by far than the love
Of those who were older than we—
Of many far wiser than we—
And neither the angels in Heaven above
Nor the demons down under the sea
Can ever dissever my soul from the soul
Of the beautiful Annabel Lee;

For the moon never beams, without bringing
   me dreams
Of the beautiful Annabel Lee;
And the stars never rise, but I feel the bright
   eyes
Of the beautiful Annabel Lee;
And so, all the night-tide, I lie down by the side
Of my darling—my darling—my life and my
   bride,
In her sepulchre there by the sea—
In her tomb by the sounding sea.

(바닷가 왕국에선 누구나 다 알겠지)
한밤중 구름으로부터 바람이 몰려와
나의 애너벨 리를 싸늘하게 죽게 했지

하지만 우리들의 사랑은 훨씬 강했어
우리보다 나이 든 사람들의 사랑보다도
우리보다 더 현명한 사람들의 사랑보다도
위로는 하늘의 천사
아래론 바다 밑 악마들까지도
어여쁜 애너벨 리의 영혼으로부터
나의 영혼을 갈라놓진 못하였다네

달빛이 비칠 때면
아름다운 애너벨 리의 꿈이 내게 찾아들고
별이 떠오르면
나는 애너벨 리의 빛나는 눈동자를 느낀다네
그리하여 나는 밤새도록
내 사랑, 나의 사랑, 나의 생명, 나의 신부 곁에 누워
있네
바닷가 그곳 그녀의 무덤에서,
파도 소리 들리는 바닷가 그녀의 무덤 곁에서.

19세기 미국에서는 '초월주의(transcendentalism)' 혹은 초절주의라 불리는 사조가 유행하기도 하였습니다. 『풀잎(Leaves of Grass)』이라는 유명 시집을 남긴 랄프 월도 에머슨(Ralph Waldo Emerson, 1803-1882)이 초월주의의 창시자로 알려져 있으며, '죽은 시인의 사회'에도 나오는 「O Captain! My Captain!」이라는 시로 유명한 월트 휘트먼(Walt Whitman, 1819-1892)이 초월주의의 완성자라고 합니다.

단어가 좀 어렵긴 하지만, 초월주의는 문자 그대로 '초월적인 세계가 존재한다'라는 생각이었습니다. 눈에 보이는 현실이 다가 아니며, 인간의 감각으로 파악할 수 없는 초월적 세계가 분명 있을 것이라고 믿었던 것입니다. 하지만 이는 기독교적인 초월이 아니라, 범신론적인 성격을 갖습니다. 미국의 물질주의와 상업주의에 대한 거부감의 표현일 수도 있고 현실을 '초월'하고자 했던 이상적인 욕구이자 정신적 대안일 수도 있겠지만, 결국 초월주의는 19세기 미국 문학만의 독자적인 특징이 되었습니다.

오늘날에도 꾸준히, 전세계에서 너무 많은 사랑을 받는 작품 『월든(Walden or Life in the Woods)』(1854)의 작가 헨리 데이비드 소로(Henry David Thoreau, 1817~1860) 역시 에머슨의 영향을 받았던 초월주의자였습니다. 『월든』은 '미국의 대학생들이라면 누구나 읽어야 할 교양 도서'이자 필독서로 선정되기도 한 작품이며 '불멸의 고전'이라는 수식어가 늘 따라다니는 수작입니다. 법정 스님이 생전에 '첫 번째' 책으로 꼽으셨던 작품으로도 유명하지요. 법정 스님은 월든 호숫가를 여러 차례 방문하실 정도의 애독자였다고 알려져 있습니다. 실제로 소로는 불교의 영향을 받았으며 아시아 고전 작품들을 즐겨 읽었다고 합니다.

『월든』은 소로가 2년 2개월 2일 동안 미국 매사추세츠주의 월든 호숫가에서 혼자 통나무집을 짓고 살아가면서 쓴 책입니다. 페이지마다 보석 같은 문장들이 이어지는 수작이며, 복잡하고 각박한 삶을 살아

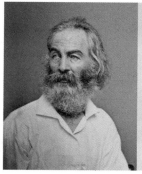

랄프 월도 에머슨
(1878년경의 동판화).

월트 휘트먼.

헨리 데이비드 소로(1854).

가는 현대인들에게 '힐링'이 되면서도 한마디 한마디가 울림이 큰 작품이랍니다. 한글 번역본으로 읽다 보면 귀찮을 정도로 원문을 자주 찾아보게 되는 작품이기도 합니다. 아일랜드 대표 시인 예이츠도 『월든』에서 영감을 받아 「이니스프리 호수의 섬(The Lake Isle of Innisfree)」이라는 시를 썼다고 하지요.

19세기 미국 소설의 발전에 이바지했던 또 다른 작가로는 너새니얼 호손(Nathaniel Hawthorne, 1804-1864)이 있습니다. 그는 피천득 수필가가 번역하여 한때 교과서에도 수록되었던 작품 「큰 바위 얼굴(Great Stone Face)」의 작가이기도 하지요. 호손은 뉴잉글랜드 청교도의 사상과 도덕성, 윤리의식에 남다른 관심을 가졌으며 이를 바탕으로 『주홍글자(The Scarlet Letter)』(1850)라는 걸작을 남겼습니다. 그는 17세기 보스턴을 작품의 배경으로 설정하고, 신앙심 깊은 목사 아서 딤스데일과

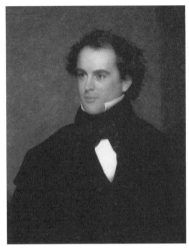

너새니얼 호손
(찰스 오스굿의 그림, 1841년).

허먼 벨빌
(조셉 오리엘 이튼 그림, 1870년).

아름다운 여인 헤스터 프린의 금지된 사랑을 그렸습니다. 간통 사건을 둘러싼 청교도 사회의 이면과 위선, 청교도 윤리의 불완전성과 모순, 지나친 금욕주의에 대한 비판, 인간의 죄의식 등을 과감하면서도 정교하게 표현하여 많은 인기를 끌었습니다. 여주인공 헤스터 프린이 평생 가슴에 새기고 살았던 글자 'A'는 간통(adultery)이라는 영어 단어의 첫 번째 글자였습니다.

다음 해 발표된 허먼 멜빌(Herman Melville, 1819-1891)의 작품 『백경(Moby-Dick: or, the Whale)』(1851) 역시 미국 문학사에서 자주 언급되는 작품입니다. 주인공 에이합이 거대한 흰고래 '모비딕'에 집착하고

도전하다가 배와 선원들 모두 파멸을 맞이한다는 비극적인 내용의 소설이었으며, 멜빌 자신의 항해 경험을 바탕으로 한 사실주의적 묘사가 돋보였습니다. 등장인물 중 항해사 '스타벅(Starbuck)'이 나오는데, 이는 오늘날 유명한 커피 전문점의 이름이 되기도 하였지요. 멜빌은 이 작품을 '천재 친구 호손'에게 헌정했다고 알려져 있으며, 낙관적인 초월주의에 도전장을 던지는 작품으로 평가되기도 하였습니다.

19세기 중후반,
미국 문학의 확립

19세기 중반이 되면 미국 문학은 영국 문학과는 확연히 다른 색채를 굳히게 됩니다. 19세기의 영국 소설이 전통적인 사회와 공동체, 복잡하고 유기적인 인물 관계, 숨겨진 귀족의 발견, 귀족 사회의 이면 등을 주로 다루었다면 미국 소설에서는 거대한 자연, 민주주의, 이주민의 삶, 광산, 배, 카우보이, 개척, 고독, 탐험 등이 주된 작품 소재가 되었습니다. 미국 작가들은 영국 작가들처럼 우아하고 멋지게 글을 쓰지도 않았고 미사여구를 많이 사용하지도 않았습니다. 오히려 구어체와 개척지 유머(frontier humor)를 작품 곳곳에 활용하면서 '미국의 목소리'를 사실적으로 기록하였습니다.

19세기에는 미국 내에서도 문화의 중심이 동부에서 서부로 점차 옮겨가는 양상을 보였습니다. 그리고 초월주의, 지역주의, 사실주의, 자연주의, 향토색 등이 다양하게 등장하면서 미국 문학만의 개성이 더욱 뚜렷해졌습니다. 무엇보다 미국 문학은 재미있어졌습니다. 청교도주의와 정치적인 색채를 모두 벗어버리고 유머, 해학, 풍자가 자연스럽게 드러나는 작품들은 미국 사람들의 마음을 사로잡았습니다. 오늘날 우리가 읽어도 꽤 재미있는 작품들이 여럿 등장했으며 몇몇 작품들은 유럽 작가들에게도 영향을 미치기 시작했습니다.

1852년에는 미국 소설로는 처음으로 밀리언셀러가 된 작품도 나왔습니다. 바로 『톰 아저씨의 오두막(Uncle Tom's Cabin)』입니다. 해리엇 비처 스토(Harriet Beecher Stowe, 1811-1896)라는 여성 작가는 '도망노예법'에 분노를 느끼고 이 작품을 썼다고 알려져 있습니다. 그녀는 너무 착하고 우직한 흑인 노예 '톰 아저씨'를 주인공으로 설정하여 흑인 노예들의 고통과 비참한 생활, 학대, 삶의 애환 등을 매우 생생하게 묘사하였습니다. 갖은 굴욕에도 끝까지 기독교적인 믿음을 간직한 채 '영혼만은 하나님의 것'이라고 외쳤던 톰 아저씨의 죽음은 미국 백인 독자들의 마음을 움직이기에 충분했을 것입니다. 이 작품은 미국 최초의 저항소설이라는 평가를 받기도 했으며, 이 책의 파장으로 남북 전쟁이 시작되었다는 우스갯소리가 있을 정도로 영향력이 어마어마했던 작품이었습니다.

정말 『톰 아저씨의 오두막』 때문인지 아닌지는 알 수 없지만, 1861년부터 1865년까지 미국은 남부와 북부로 갈려져서 이른바 '남북 전쟁

(American Civil War)'이라는 내전을 겪게 됩니다. 관세와 각종 경제적인 문제들, 노예 제도, 헌법 해석 등 다양한 분야에서 북부와 남부 연합이 첨예하게 대립하다가 결국 전쟁으로 치닫게 되었습니다. 4년간의 전쟁은 북부의 승리로 끝이 났습니다. 얼마간 갈등이 지속되었다고는 하나, 다행히 내전은 재발하지 않았고 미국은 정치적, 군사적 통합을 이루면서 국가적인 단결을 강화할 수 있었습니다. 경제적으로도 크게 성장하였기에 전 세계에서 수많은 이주민이 저마다의 아메리칸드림을 꿈꾸며 미국행을 선택하였습니다.

19세기 중후반에 주목해야 할 시인으로는 에밀리 디킨슨(Emily Dickinson, 1830-1886)이 있습니다. 그녀는 자연을 사랑했고 감수성이 풍부했던 사람이었습니다. 자신의 2층 방안에서 오랜 은둔생활을 하면서 2,000편에 가까운 시를 썼다고 전해집니다. 에밀리 디킨슨은 철저한 고립과 절대 고독을 바탕으로 죽음에 관한 시를 특히 많이 썼습니다. '죽음을 위하여 내가 멈출 수가 없어서 죽음이 나를 위해 친절히 멈추었다네'라고 노래했던 그녀는 죽음에 관한 시만 500편 이상 남겼다고 합니다.

가장 위대한 미국 소설가 중의 한 사람으로 손꼽히는 헨리 제임스(Henry James, 1843-1916)도 이 시기의 인물이었습니다. 우리에게는 잘 알려지지 않았지만, 헨리 제임스는 현대소설의 선구자이자 미국 문학

에밀리 디킨슨의 1859년경 모습.
왼쪽이 에밀리 디킨슨이다.

해리엇 비처 스토
(앨런슨 피셔가 그린 초상화, 1853년).

헨리 제임스(1913년).

사상 가장 영향력 있는 작가입니다. 그는 인물의 심리 상태에 중점을 두는 이른바 '심리학적 사실주의(Psychological Realism)'을 선보였습니다. 또한 '순진한 미국인'과 '복잡한 유럽인'에 관한 소설을 쓰기도 했는데 특히 『미국인(The American)』(1877)이라는 작품에서는 자수성가한 미국인이 신붓감을 찾으러 유럽으로 가서 발생하는 일들을 그렸습니다. 아무리 돈이 많아도 귀족적인 배경을 가지고 있지 않은 '미국인'이라는 이유로 유럽 여인에게 거절당하는 현실을 보여주고, 이 상황에서도 복수하지 않는 미국인의 도덕적 우월성을 표현하면서 당시 미국인들의 인기와 공감을 얻었다고 하지요. '영어로 쓴 가장 뛰어난 소설'로도 평가받는 『귀부인의 초상(The Portrait of a Lady)』과 『대사들(The Ambassadors)』 『나사의 회전(The Turn of the Screw)』 등도 헨리 제임스의 작품들입니다.

이 시기에는 우리에게도 제법 익숙한 작품들이 여럿 발표되었습니다. 루이자 메이 올콧(Louisa May Alcott, 1832-1888)은 『작은 아씨들(Little Women)』이라는 작품으로 유명해졌고, 프랜시스 호지슨 버넷(Frances Hodgson Burnett, 1849-1924)은 『소공자(Little Lord Fauntle-roy)』 『소공녀(A Little Princess)』 『비밀의 화원(The Secret Garden)』을 남겼습니다. 『마지막 잎새(The Last Leaf)』와 『크리스마스 선물(The Gift of Magi)』로 유명했던 오 헨리(O. Henry, 1862-1910) 역시 이 시기에 활약했던 미국 작가였습니다.

하지만, 19세기 후반 미국 문학계에 가장 큰 획을 그었던 작가는 단연 마크 트웨인(Mark Twain, 1835-1910)일 것입니다. 사실 마크 트웨인은 미국 문학사 전체에서도 가장 영향력 인물 중 한 명이 아니었을까 싶습니다. 제가 개인적으로 참 좋아하는 작가이기도 합니다.

가난한 서부 개척자의 아들로 태어났던 마크 트웨인의 본명은 새무엘 랭혼 클레멘스(Samuel Langhorne Clemens)였

31세경의 마크 트웨인.

습니다. 하지만 배가 지나가기에 안전한 수심 '두 길 물속'을 뜻하는 뱃사람 용어 'Mark Twain'이라는 필명으로 더욱 널리 알려지게 되었지요. 뱃사람 용어를 펠 정도로 마크 트웨인은 미시시피강과 함께 유년 시절을 보냈습니다. 네 살부터 미시시피강 강가에 살기 시작해서 스무 살이 넘어서는 미시시피강 수로안내인으로 일하기도 하였는데, 덕분에 그의 작품 곳곳에는 미시시피강 강가에서의 삶과 경험이 묻어납니다. 미국 문학의 중심을 동부에서 중서부로 옮기는 데 이바지했다는 평가를 받기도 했습니다.

1876년에 발표된 『톰 소여의 모험(The Adventures of Tom Sawyer)』으로 마크 트웨인은 유명한 작가가 되었습니다. 그로부터 8년 후에는

속편 격인 『허클베리 핀의 모험(The Adventures of Huckleberry Finn)』 (1885)을 발표했습니다. 원작을 뛰어넘는 속편을 쓴다는 것은 작가로서 절대 쉽지 않은 일이지만, 『허클베리 핀의 모험』은 작품성으로나 흥행 면에서나 전작보다 훨씬 높은 가치를 인정받았습니다. 골목대장 톰보다는 조금 더 자유로운 영혼이었던 '헉(Huck)'을 통해 미국적인 자유가 무엇인지를 제대로 보여주었으며, 당시 사회상과 위선, 노예 제도의 문제점 등을 역동적이고도 재미있게 풍자하였습니다. 흑인 노예의 도주를 돕는 백인 아이, 관습이 아니라 양심의 소리를 따르는 순수한 아이의 모습은 마크 트웨인이 바라는 '미국'의 미래가 아니었을까 하는 생각도 듭니다. 이 작품은 미국적인 소재와 메시지를 담고 있기에 '가장 미국적인 소설'로도 불립니다. 그리고 유럽과 상관없는 오직 '미국만의' 줄거리를 가지고 있으며 작품 곳곳에 미국에서 실제로 사용하던 구어체와 방언을 활용하였기에 당대 영국 문학과 확실하게 차별화할 수 있었습니다.

미국 문학의 새로운 전통을 확립하였던 마크 트웨인은 '미국 문학의 아버지'로도 불립니다. 훗날 헤밍웨이는 이런 말은 남겼습니다.

All modern American literature comes from one book by Mark Twain called Huckleberry Finn. It's the best book we've had. [...] There was nothing before. There has been nothing as good since.

모든 미국 현대 문학은 허클베리 핀이라 불리는 마크 트웨인의 책에서 비롯되었다. 그것은 최고의 책이다. [중략] 그전에는 아무것도 없었고, 그 후로도 그만한 작품은 없었다.

사실 마크 트웨인은 제대로 학교 교육을 받지 못했으며, 미시시피강 강가에서 톰 소여나 허클베리 핀과 흡사한 유년 시절을 보냈을 것입니다. 하지만 자유로운 생각과 창의력, 타고난 유머 감각과 입담, 폭넓은 인간관계, 남다른 통찰력, 엄청난 독서량 덕분에 미국 최고의 작가가 될 수 있었습니다.

그의 또 다른 대표작 『왕자와 거지(The Prince and the Pauper)』(1882) 역시 우리에게 아주 익숙합니다. 이 작품에서는 주인공 에드워드 왕자가 한날한시에 태어난데다 얼굴까지 비슷한 거지의 아들 톰과 옷을 바꾸어 입으면서 벌어지는 일들을 다루었습니다. 작품 곳곳에서는 마크 트웨인 특유의 사회 비판 의식이 드러나는데, 사실 마크 트웨인은 반(反)제국주의연맹 부의장까지 지낼 정도로 사회 비평에 매우 적극적이었습니다. 그는 여성의 투표권과 노동자들을 위해 열심히 강연하기도 했고, 흑인 학생들에게 선뜻 장학금을 지급하기도 하였습니다.

어릴 때는 저 역시 『톰 소여의 모험』과 『허클베리 핀의 모험』 모두 미시시피강 강가에 사는 미국 최강 장난꾸러기들의 재미있는 모험 동화인 줄 알았습니다. 하지만 전공자가 되어 다시 읽어보면서 마크 트웨인이라는 작가의 힘과 미국 문학의 매력을 느낄 수 있었습니다. 마크 트웨인의 작품을 읽지 않고는 미국 문학을 논할 수 없다고도 하지요. 어린이들의 이야기 같기도 하지만, 사실 40대 마크 트웨인의 시선은 남북 전쟁이 끝나고도 여전히 남아 있었던 흑인 노예를 향한 편견과 차별, 잔혹성, 부조리 등을 예리하게 바라보고 있었습니다. 학대를 일삼는 백인 아버지보다 훨씬 훌륭한 '흑인 노예 짐(Jim)'과 개구쟁이 헉(Huck)의 모험 과정에서 마크 트웨인이 던지는 질문들 또한 상당히 묵직합니다. 비록 작품 속에서 '검둥이(nigger)'라는 표현을 300번가량 사용하여 여러 차례 논란이 되기도 했지만, 마크 트웨인은 어린 시절 흑인 노예들과 워낙 친하고 허물없이 지낸 까닭에 흑인의 방언을 작품 속에서 자유롭게 사용할 정도였습니다. 훗날 노예 폐지론자로서의 행보와 정치적 성향을 살펴보면 인종차별의 의도는 없었을 것으로 추측됩니다.

20세기의 미국 문학

1914년에 유럽에서 발생했던 제1차 세계대전은 '남의 땅'에서 벌어진 '남의 일'이 아니었습니다. 미국 역시 1917년에 제1차 세계대전에 참여하게 되었으니까요. 미국은 승전국으로서의 기쁨을 만끽하기도 하였지만, 전쟁의 승리로 인한 갑작스러운 경제적 번영에는 부작용이 있었습니다. 과잉자본 투자와 과잉생산은 주식 폭락으로 이어졌고, 급기야 1929년에는 '대공황'이라는 절체절명의 경제 위기가 엄습하였습니다. 미국 대공황의 여파는 상당히 깊고 넓었으며 유럽 경제의 위기와도 맞물렸습니다. 기업들의 연쇄 도산과 심각한 실업자 문제가 대두되었고, 각종 사회 문제가 표면화되었습니다. 하지만 놀랍게도 제2차 세계대전 참전을 계기로 미국은 그동안의 경제적 위기를 해결할 수 있었습니다. 미국의 군수품들은 경제적으로 효자 노릇을 톡톡히 했습니다. 유럽의 승전국들은 나라 곳곳에 전쟁의 상흔이 남아 있었지만, 참전국

신분이었던 미국의 상황은 그리 나쁘지도 않았습니다. 미국은 유럽보다 전쟁의 여파를 비교적 빨리 회복하면서 세계적인 강대국으로 급부상하였습니다.

양차 세계대전을 둘러싸고 발생했던 각종 변화는 미국 문학에도 그대로 반영되었습니다. 20세기 미국의 작가들은 전쟁으로 인한 상처와 혼란을 작품의 소재로 삼았습니다. 그리고 미국의 상업주의와 속물주의, 경제적 문제에 대한 비판 의식을 작품 속에서 과감하게 드러내기도 했습니다. 특히 대공황 이후에는 문학이 사회성을 띠는 양상이 더욱 두드러졌다고 합니다.

20세기 전반 미국 문학계에는 '잃어버린 세대(The Lost Generation)', 혹은 '길 잃은 세대'라 불리던 작가들이 있었습니다. 이들은 제1차 세계대전 이후 미국 사회에 회의감과 환멸을 느끼고 자신의 절망감과 허무함을 문학에 반영하고자 했던 청년 지식인들과 예술인들이었습니다. 전쟁으로 인해 육체적, 심리적 타격을 받은 자들의 상실감과 소외감, 두려움은 실로 엄청난 것이었습니다. 우리에게도 꽤 익숙한 어니스트 헤밍웨이(Ernest Miller Hemingway, 1899-1961)와 F. 스콧 피츠제럴드(Francis Scott Key Fitzgerald, 1896-1940), 윌리엄 포크너(William Faulkner, 1897-1962), 에즈라 파운드(Ezra Pound, 1885-1972) 등이 이 그룹에 속하는 작가들입니다.

'잃어버린 세대'라는 표현은 원래 거트루드 스타인(Gertrude Stein)이라는 작가가 쓰던 표현이었으나 헤밍웨이가 『해는 또다시 떠오른다(The Sun Also Rises)』(1926)라는 작품 서문에서 '여러분은 모두 잃어버린 세대입니다(You are all a lost generation.)'라고 한 후 더욱 유명해졌다고 하지요. 헤밍웨이는 이 작품에서 제1차 세계대전에 참전했던 주인공이 겪게 되는 심리적인 갈등과 고뇌, 허무함 등을 매우 사실적으로 표현하였습니다. 사실 헤밍웨이 자신도 스무 살에 제1차 세계대전에 참전하여 다리에 중상을 입고 입원했던 경험이 있었기에 그 누구보다 작품 속 상황과 주인공의 심리를 사실적으로 표현할 수 있었을 것입니다. 헤밍웨이는 시대가 준 개인적 고통을 문학작품으로 승화하면서 미국적인 '사실주의'의 새로운 장을 열었습니다.

'잃어버린 세대'의 대표 작가였던 어니스트 헤밍웨이는 수많은 사람의 인생 소설인 『노인과 바다(The Old Man and the Sea)』(1952), 전쟁 문학의 걸작 『무기여 잘 있거라(A Farewell to Arms)』(1929), 자신의 스페인 내전 참전 경험을 기가 막히게 녹여낸 『누구를 위하여 종은 울리나(For Whom the Bell Tolls)』(1940) 등의 대표작을 남겼습니다. 특히 극단적인 상황에서의 인간 본성, 삶과 죽음, 전쟁, 운명, 삶의 비극적 요소 등을 상당히 냉철하면서도 박력 있게 표현하였습니다.

사실 헤밍웨이의 작품을 읽다 보면 '상남자'가 쓴 것 같다는 느낌을 받을 때가 많습니다. 수식어가 적고 문체가 간결하며 뭔가 남성적인 매력이 있기 때문입니다. 툭툭 던지는 듯한 그의 메시지 또한 제법 묵직하면서도 호소력 있게 느껴집니다. 이렇게 수식어를 최소화하고 간결하고 깔끔하게 표현하는 방식을 문학과 예술 분야에서는 '하드 보일드(hard-boiled)' 스타일이라고 부릅니다. '달걀을 완숙하여 단단해진다'라는 단어 자체의 의미처럼 작품의 표현이나 전개 면에서 전혀 말랑말랑하지 않고 건조하며, 비정하고 냉소적이면서도 절제된 느낌을 주는 스타일을 일컫는 말입니다. 실제로 어니스트 헤밍웨이라는 사람 자체도 상당히 '하드 보일드'한 사람이었던 것 같습니다. 생전 일화들을 살펴보면 헤밍웨이의 남성적인 면모와 강인한 성격을 엿볼 수 있습니다. 어쩌면 큰 전쟁을 두 번이나 목격했던 전쟁생존자들, 그러니까 '잃어버린 세대'들의 생존 방식이 아니었을까 하는 생각이 들어 한편으로는 씁쓸하기도 합니다.

마지막 엽총 자살의 순간까지도 상남자로서의 강한 면모를 유지했던 헤밍웨이는 "어려운 단어를 써야만 감동이 나오는 것은 아니다"라고 하면서 쉬운 단어와 간결한 문제로만 소설을 썼습니다. 덕분에 헤밍웨이의 작품들은 무거운 이야기를 다루고 있지만, 대중적으로 많이 읽는 작품이 되었습니다. 술술 잘 읽히니 오늘날 우리가 원서로 읽고 '슬기로운 영어 공부'를 하기에도 좋은 작품들이랍니다.

『위대한 개츠비(The Great Gatsby)』로 잘 알려진 피츠제럴드 역시 1920년대의 미국인들의 모습을 그렸던 '잃어버린 세대' 작가입니다. 그의 작품 속에는 전후 미국 사회의 공허함과 환멸, '아메리칸드림'의 종

1939년의 어니스트 헤밍웨이.
『누구를 위하여 종은 울리나』를 집필 중이다.

F. 스콧 피츠제럴드와 젤다(1923년).

말과 자수성가의 그늘, 광란의 '재즈시대'를 즐기는 상류층의 화려한 삶과 모순, 절망 등이 재미있고도 효과적으로 표현되었습니다. 『위대한 개츠비』는 오늘날에도 북미권의 영어 수업이나 전 세계 대학교의 영어 영문학 수업에서 꼭 한번은 읽게 되는 '필독서'입니다. 저도 대학원 수업에서 한 달 이상 이 작품을 붙들고 토론한 적이 있습니다. '왜 개츠비가 위대한가?'부터 시작해서 논의할 내용이 끝이 없었습니다.

학자들은 피츠제럴드 자신의 삶이 주인공 제이 개츠비(Jay Gatsby)의 삶과 많이 닮아있다고 이야기합니다. 경기 불황으로 인한 아버지의 실직, 넉넉하지 못한 유년기, 제1차 세계대전 참전 등 피츠제럴드는 20세기 초반 평범한 미국인의 전형적인 삶을 살았습니다. 부자가 아니라는 이유로 사랑하는 여인들과 결혼하지 못하는 일도 있었습니다. 하지만 그의 소설이 인기를 끌면서 한때 자신을 거절했던 부잣집 딸 젤다(Zelda Sayre Fitzgerald)와 결혼을 할 수 있었습니다. 이후 피츠제럴드 부부는 매우 화려하고 사치스러운 삶을 살았다고 알려져 있습니다. 젤다와 함께하는 화려한 삶을 유지하기 위해서 피츠제럴드는 끊임없이 글을 써야만 했고, 덕분에 수많은 단편소설을 남긴 '다작' 작가가 되었습니다. 돈을 벌려고 급하게 쓰다 보니 『벤자민 버튼의 기이한 사건(The Curious Case of Benjamin Button)』은 유난히 오탈자가 많은 소설로도 유명하답니다. 하지만 젤다의 말과 행동은 피츠제럴드의 작품에 상당한 영향을 주기도 하였으므로 피츠제럴드에게 젤다는 '뮤즈' 같은 여인이었습니다. 제1차 세계대전 이후 승리에 한껏 도취했던 미국의 화려했던 재즈시대를 그대로 느끼는 데는 『위대한 개츠비』만 한 작품이 없습니다. 이 소설을 각색하여 제작한 할리우드 영화들 역시 화려한 영상미로 시선을 사로잡습니다.

우리에게는 헤밍웨이나 피츠제럴드만큼 알려지지는 않았지만, 20세기 '잃어버린 세대' 중에서 가장 영향력 있었던 작가는 아마 '에즈라 파운드'가 아니었을까 싶습니다. 에즈라 파운드는 노벨문학상 후보에 오를 정도로 훌륭한 시인이기도 했지만, 그에게는 더욱 놀라운 능력이 있었습니다. 바로 '첫눈에 최선의 것을 알아내고 찾아낼 수 있는 천재성'입니다. 그는 런던에 거주하는 동안 윌리엄 버틀러 예이츠와 교류하

윌리엄 포크너(1954년). 에즈라 파운드(1963년).

였고, T. S. 엘리엇과 제임스 조이스, 프루스트 등 위대한 작가들을 발굴하여 세상에 소개하였습니다. 헤밍웨이와 로버트 프로스트도 에즈라 파운드의 문학적 지지 속에서 성장했다고 하니 '작가 보는 안목'이 정말 대단했던 것 같습니다.

에즈라 파운드는 '이미지즘(Imagism)'과 반(反) 낭만주의를 이끌면서 문학의 형식주의에 반대하였습니다. 시에서 일상어를 사용하고 자유시의 형태를 취하자고 주장하였으며, 새로운 리듬과 이미지를 창조하고 제재를 자유롭게 선택하자고도 했습니다. 시대를 앞서나간 그의 생각들은 당대 영국과 미국 시인들에게 큰 영향을 주었고, 20세기 한국 문학에도 영향을 미쳤다고 알려져 있습니다.

제1차 세계대전 이후 각종 산업이 발달하고 노동 수요가 증가하면서 1920년대 미국 사람들은 일자리 많은 도시로 몰려가는 모습을 보였습니다. 갑작스러운 도시화와 산업화 때문에 도시의 주거 환경은 나날이 열악해졌지만, 그렇다고 사람들이 떠나간 농촌의 상황도 좋지만은 않았습니다. '젊은 농업국가'였던 미국은 거대한 산업국가로 변화하고 있었고, 미국 청년들은 도시에서 백만장자를 꿈꾸었습니다.

1920년대 뉴욕의 할렘가에서는 흑인 문학도 성행하였습니다. 학자들은 이 시기를 '할렘 르네상스(Harlem Renaissance)'라고도 부릅니다. 이 시기의 흑인들은 아메리칸드림을 이룩할 수 있으리라는 희망으로

랭스턴 휴스(1943년).

리차드 라이트.

활발한 작품 활동을 펼쳤습니다. 백인들 역시 흑인들의 문화와 음악에 관심을 가졌다고 합니다. 당시 아프리카계 미국인 작가들은 흑인 음악 리듬을 시에 끌어들이기도 하였고 방언을 미묘하게 활용하면서 독창적인 작품을 썼습니다. 흑인들의 민담을 모아 출판하기도 하였습니다. 『사탕수수(Cane)』(1923)라는 작품으로 유명한 진 투머(Jean Toomer, 1894-1967)가 이 시기의 대표 작가이며 랭스턴 휴스(Langston Hughes, 1902-1967) 역시 『피곤한 블루스(The Weary Blues)』(1926)라는 시집에서 편견과 차별을 잘 참으면 언젠가는 꿈을 이룰 수 있다는 시들을 썼습니다. 개인적으로는 휴즈의 「I, Too」라는 시가 짧지만 울림이 컸습니다. 하지만, 1930년대와 1940년대가 되면 흑인 작가들도 아메리칸드림의 허구성과 미국 경제 체제를 비판하는 작품을 쓰기 시작합니다. 특히 리차드 라이트(Richard Wright, 1908-1960)는 『토박이(Native Son)』(1940)라는 작품에서 백인 사회에 대한 증오심으로 폭력과 살인을 저지르는 젊은 흑인 청년을 주인공으로 내세워 '아메리칸드림은 백인들의 이야기일 뿐'이라는 메시지를 표현하고 있습니다.

I, Too

I, too, sing America.	나 또한 미국을 노래하네
I am the darker brother.	나는 더 검은 형제
They send me to eat in the kitchen	손님이 오면
When company comes,	그들은 부엌에서 먹으라고 나를 쫓아냈으나
But I laugh,	나는 웃으며
And eat well,	잘 먹고
And grow strong.	강해졌다네

Tomorrow,
I'll be at the table
When company comes.
Nobody'll dare
Say to me,
"Eat in the kitchen,"
Then.

Besides,
They'll see how beautiful I am
And be ashamed—

I, too, am America.

내일
손님이 오면
나는 식탁에 있을 것이니
그때는
아무도 감히 내게
"부엌에서 먹어"라고
말하지 못하리라

그리고
그들은 내가 얼마나 아름다운지 보고
부끄러워하리라

나 또한 아메리카라네.

20세기 소설가 중에 주목하고 싶은 또 다른 작가는 존 스타인벡 (John Steinbeck, 1902-1968)입니다. 그의 소설 『에덴의 동쪽(East of Eden)』(1952)은 제임스 딘(James Dean)이라는 미남 배우가 주연을 맡은 영화로도 유명하지요. 『분노의 포도(The Grapes of Wrath)』(1939)라는 작품은 스타인벡에게 퓰리처상을 안겨 주었던 작품이었습니다. 그는 농장 노동자들이 캘리포니아의 비옥한 토지를 찾아 떠나지만 결국 또다시 고통받게 되는 비극적 과정을 매우 사실적으로 표현하였고, 이로 인해 『분노의 포도』는 '미국 사실주의 소설'의 대표작이 되었습니다. 그는 작품 속에서 정부의 무능과 부패, 거대 농장주들의 횡포를 적나라하게 표현하였고, 미국 자본주의에 대한 비판도 서슴지 않았습니다. 힘들게 캘리포니아에 도착해보니 그곳 노동자들의 현실은 더욱 참

혹하였으며 임금은 낮은데 물가는 높았다는 내용이 있어서 캘리포니아주에서는 이 책을 분서하거나 금서로 지정하는 일도 있었다고 합니다. 사회주의적 색채가 강하다는 이유로 많은 논란이 되기도 했지만, 『분노의 포도』는 영화와 연극으로도 만들어질 만큼 대중들에게는 선풍적인 인기를 끌었던 작품이었습니다.

1938년에는 미국 최초로 여성 작가가 노벨문학상을 수상하는 일도 있었습니다. 『대지(The Good Earth)』(1931)의 작가 펄 벅(Pearl Sydenstricker Buck, 1892-1973)이 바로 그 역사적인 주인공이었습니다. 그녀는 선교사인 부모를 따라 중국으로 건너간 후 유년기와 청소년기를 모

존 스타인벡과 아내 일레인(1950년).

퓰리처상과 노벨문학상을 받은 펄 벅
(1932년).

두 중국에서 보냈습니다. 중국이 미국보다 익숙했던 그녀는 『대지』라는 작품 속에서도 중국의 소작 빈농이었던 왕룽이 대지주가 되는 과정을 그렸습니다. 미국 다음으로 한국이 좋다고 할 정도로 한국에 대한 애정도 컸던 그녀는 '박진주'라는 한국 이름을 가지고 있었다고 합니다. 한국을 소재로 여러 작품을 쓰기도 하였고, 한국에서 활발한 복지 사업을 하기도 했습니다. 전쟁고아가 된 아이들을 위해 복지재단을 만들거나 직접 아이들을 입양해서 키우기도 하는 등 국가와 인종에 구애받지 않는 열정적인 인권 운동가이기도 했습니다.

단 하나의 장편 소설로 퓰리처상까지 거머쥐었던 마가렛 미첼(Margaret Mitchell, 1900-1949) 역시 주목할 만한 여성 작가입니다. 그녀는 영화로 더욱 유명한 『바람과 함께 사라지다(Gone with the Wind)』라는 걸작을 남겼습니다. 스칼렛 오하라가 외쳤던 '내일은 내일의 태양이 뜬다(Tomorrow is another day.)'라는 명대사는 마가렛 미첼의 소설 속 대사를 그대로 사용한 것이랍니다.

20세기 미국 문학계에는 유명한 희곡 작가들도 많았습니다. 범죄자와 노숙자, 알코올 중독자 등을 주인공으로 설정하고 사실적인 드라마를 썼던 유진 오닐(Eugene O'Neill, 1888-1953)이라는 작가가 있었고, 『세일즈맨의 죽음(Death of a Salesman)』이라는 걸작만큼이나 배우 마릴린 먼로와의 결혼으로도 유명했던 아서 밀러(Arthur Miller, 1915-

마가렛 미첼(1941년).

1924년 3월호 <타임>지
커버에 실린 유진 오닐.

1956년 웨딩 케이크를 자르는 아서 밀러와
마릴린 먼로.

딜란 토머스의 장례식에 온
테네시 윌리엄스(1953년).

2005)도 이 시기를 대표하는 극작가였습니다.『욕망이라는 이름의 전차(A Streetcar Named Desire)』와 『유리 동물원(The Glass Menagerie)』으로 유명했던 테네시 윌리엄스(Tennessee Williams, 1911-1983) 역시 20세기 최고의 극작가로 불립니다.

이제 제가 좋아하는 『호밀밭의 파수꾼(The Catcher in the Rye)』(1951)이라는 작품을 소개하면서 20세기 미국 문학을 마무리할까 합니다. 제롬 데이비드 샐린저(Jerome David Salinger, 1919-2010)는 이 한 권의 책으로 그야말로 '스타 작가'가 되었으며, 당시에는 '콜필드 신드롬'이 유행할 정도였다고 합니다. 하지만, 비틀즈(Beatles)의 멤버 존 레논(John Lennon)의 살해범과 케네디 대통령의 암살범 등이 즐겨 읽는 책이라며 논란이 되기도 하였고, 한때 금서로 지정되기도 하였습니다. 이 작품은 지금까지도 꾸준히 인기 있는 스테디셀러인데, 아마 미국에서 학교를 다니는 학생 중에는 이 책을 안 읽은 학생이 거의 없을 것입니다. 문장이 짧고 재미있어서 우리가 원서로 읽기에도 아주 좋습니다. 간간이 욕설과 저속한 표현도 나오고 속 시원하게 어른들을 비판하는 부분도 많아서 10대들에게는 더욱 '취향 저격'의 작품이랍니다.

『호밀밭의 파수꾼』은 학교에서 낙제를 받은 홀든 콜필드(Holden Caulfield)라는 16세 남자 주인공이 2박 3일 동안 학교와 뉴욕에서 겪는 일들을 아주 재미있게 그렸습니다. 청소년의 1인칭 주인공 시점으

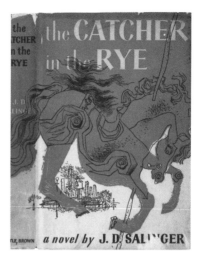

제롬 데이비드 샐린저(1950년).　　　『호밀밭의 파수꾼』 초판본 표지(1951년).

로 사회의 위선과 모순을 보여주고 있으며 미국 고등학생들의 거침없는 대화를 읽는 재미도 있습니다. 예를 들어 "That killed me."라는 표현이 말버릇처럼 계속 등장합니다.

　변호사 아버지의 기대에 부합하지 못하고 명문 사립 고등학교에서 네 번째나 낙제를 한 홀든은 학교를 '정말 지긋지긋할 정도로' 싫어하지만, 센트럴파크 연못의 오리는 사랑한다는 귀여운 학생입니다. 또래보다 순수한 면을 간직하고 있으며 주위 사람들의 순수함까지 지켜주고 싶어 하지만, 한편으로는 어른들의 세계에 이미 발을 디딘 과도기적 상황이기도 합니다. 작가 샐린저는 홀든이 어른들의 세계를 동경하면서도 기성세대의 'phoney(가짜, 허위, 거짓)'한 부분과 속물근성을 비판하고자 하는 이중성을 기가 막히게 잘 표현하였습니다.

'홀든 콜필드'라는 인물이 워낙 매력적이다 보니 전공 수업에서는 다양한 문학작품 속 주인공들과 비교해보기도 했습니다. 특히 '허클베리 핀'과 굉장히 비슷한 점이 많아 집중적으로 분석했던 기억도 납니다. 작품 속에 "I was crazy about The Great Gatsby."라는 부분이 나와서 『위대한 개츠비』와의 공통점에 대해서도 한동안 토론했었습니다. 이 작품을 대학원 수업에서 읽은 후 종종 가르치는 학생들에게 제 책을 빌려주다 보니 지금은 책이 거의 너덜너덜해진 상태입니다. 영어 수업 시간에 학생들과 함께 읽고 토론해보고 싶은 작품이었는데 아직도 그 기회를 만들지 못해 개인적으로는 한없이 아쉬운 작품이기도 합니다.

제가 가장 좋아하는 부분이자 꼭 나중에 학생들과 함께 읽고 싶은 부분, 그리고 왜 제목이 '호밀밭의 파수꾼'인지에 대한 수수께끼가 풀리는 부분을 발췌합니다.

"어쨌든, 나는 항상 이 넓은 호밀밭에서 아이들이 놀고 있는 모습을 상상했어. 아이들만 수천 명 있을 뿐 큰 어른이라고는 나밖에 없는 거지. 그리고 나는 미친 절벽 끝에 서 있는 거야. 나는 아이들이 절벽에 떨어지려고 하면 꼭 잡아야만 해. 그러니까 아이들이 막 뛰거나 어디로 가는지조차 못 볼 때 말이야. 나는 어디에선가 나타나서 아이들을 잡아주어야만 해. 온종일 내가 할 일은 그것뿐이야. 나는 호밀밭의 파수꾼이 되고 싶다고나 할까. 미쳤다는 거 알아, 그렇지만 내가 진짜 되고 싶은 게 그거 하나야. 미쳤다는 거 나도 알아."

"Anyway, I keep picturing all these little kids playing some game in this big field of rye and all. Thousands of little kids, and nobody's around—nobody big, I mean—except me. And I'm standing on the edge of some crazy cliff. What I have to do, I have to catch everybody if they start to go over the cliff—I mean if they're running and they don't look where they're going I have to come out from somewhere and catch them. That's all I'd do all day. I'd just be the catcher in the rye and all. I know it's crazy, but that's the only thing I'd really like to be. I know it's crazy."

슬기로운 영어 공부의 끝?

세계사에 미국이라는 나라가 갑작스럽게 등장한 것은 비교적 최근의 일입니다. 미국 문학 역시 마찬가지입니다. 미국 문학의 역사는 짧지만, 지금 세계인들은 그 어떤 나라의 작품보다도 미국 문학 작품들을 즐겨 읽고 있습니다.

미국 문학은 영국 문학을 모방하고 흉내 내려 하지 않았으며, 독자적으로 자신만의 색깔을 찾으려 애썼다는 점을 주목하고 싶습니다. 유럽을 동경하는 문학이 아니라 미국인만의 역사와 정신을 담아내고자 하였기에 '영문학'이기 이전에 '미국 문학'이 될 수 있었습니다. 영국 문학의 아류가 되지 않고, 자신의 터전에 대한 애착을 바탕으로 끊임없이 향토주의와 지역주의를 추구한 점, 여러 민족과 인종의 이야기에 귀 기울인 점, 방언과 구어체까지 가감 없이 그대로 보여주려고 한 점, 솔직하고 직설적인 표현과 과감한 사회비판, 특유의 해학과 풍자 등으로 '미국 문학'은 당당하게 홀로서기에 성공할 수 있었습니다.

영문학의 커다란 두 줄기인 영국 문학과 미국 문학 모두 각각의 매력이 있습니다. 사실, 개인적으로는 영국 문학을 더 좋아합니다. 특히 영국 시인들의 영시는 언제 읽어도 너무 멋있습니다. 하지만 미국 문학 작품들을 훨씬 더 자주, 많이 읽게 됩니다. 헤밍웨이의 작품이나 『위대한 개츠비』『호밀밭의 파수꾼』은 몇 번이고 다시 읽어도 도무지 지겹지 않습니다. 사실, 번역본과 원서 모두 미국 문학이 더 잘 읽히고 주제나 문체 면에서도 미국 문학이 조금 더 대중적인 매력을 갖는 것 같습니다. 저 역시 그토록 영국 문학을 사랑하면서도 또 미국 문학을 읽고 있는 걸 보면 말입니다.

영문학 작품들을 계속해서 읽다 보면 어느 순간부터는 '학습 목표'를 잊어버리는 상황을 맞게 됩니다. 처음에는 '영어' 독해 공부를 위해 영문학 작품을 읽기 시작했을지라도, 역사와 문화, 철학, 사람들의 삶과 사랑에 대한 이해가 넓어지다 보면 '영문학을 즐기는 순간'이 오기 때문입니다. 좋아하는 영국 작가나 미국 작가, 영문학 작품을 하나씩 가슴에 품게 되면 어느새 '영어 공부'라는 학습 목표를 깡그리 잊고 그저 영문학을 즐기게 되지요. 더 애쓰지 않아도 영어 실력은 이미 많이 성장했을 것입니다.

영문학을 진심으로 즐기는 순간, '슬기로운 영어 공부'도 종결입니다.

Chapter IX

슬기로운 영시 공부

영시 매력 입문:
가지 않은 길(The Road not Taken)

영국 문학과 미국 문학에 대해 간단하게 훑어보았지만, 몇몇 영시들을 골라 조금 더 깊이 있게 다루고 싶다는 생각에 '번외편'과 같은 챕터를 만들어보았습니다.

사실, 영시는 괜히 어려운 것 같아서 굳이 찾아서 읽게 되지는 않습니다. 평소에 접하기도 쉽지 않다 보니 왠지 낯설고 이질적으로 느껴지기도 합니다. 하지만 여기저기에서 자주 인용되는 '유명한' 영시들을 몇 편 읽어보면 노래 가사 같기도 하면서 뭔가 묘하게 끌리는 '영시의 매력'에 빠질지도 모릅니다. 이국적인 감각도 느낄 수 있고, 이 시들이 인문학적 지식과 감성을 채워주는 것 같기도 하지요. 무엇보다도 영시 읽기는 '슬기로운 영어 공부'에 큰 도움이 됩니다. 소리 내어 읽다 보면 영어에 대한 감각과 리듬감도 좋아집니다. 한국에서도 유명한 영시이면서 영시 입문용으로도 아주 좋은 시가 있어서 한번 소개해보겠습니다.

'두 갈래 길이 있었는데, 사람들이 가지 않은 길을 갔노라' 하는 시를 들어보셨습니까? 미국 시인 로버트 리 프로스트(Robert Lee Frost, 1874-1963)의 「The Road not Taken」이라는 시입니다. 우리에게는 「가지 않은 길」혹은 「두 갈래 길」이라는 번역 제목으로 알려져 있습니다. 이 시를 쓴 '로버트 프로스트'라는 시인은 20세기 미국 문학의 대표적 인물 중 하나로 평가받는 사람입니다. 뛰어난 언론인이나 작가에게 수여하는 퓰리처상(Pulitzer Prize)도 네 번이나 수상하였으며, 대통령 취임식에서 시인으로서는 최초로 축시를 낭송할 정도였으니 미국 사람들에게는 그야말로 '국민 시인'이겠지요.

로버트 리 프로스트.

프로스트는 1874년 샌프란시스코에서 태어나 1963년에 생을 마감했습니다. 「The Road not Taken」은 마흔이 넘은 나이에 쓴 시입니다. 마흔 이전에는 그다지 순탄치 못한 삶을 살았다고 알려져 있습니다. 열 살 때 아버지가 돌아가시면서 '샌프란시스코 도시 소년'이었던 프로스트는 뉴잉글랜드에서 농촌 생활을 시작했습니다. 그때 아버지가 남겨놓은 돈이 8달러였다고 하니 당시 상황이 충분히 짐작됩니다. 그 와중에 어린 프로스트는 기특하게도 열심히 공부해서 고등학교를 수석으로 졸업하고, 다트머스 대학교와 하버드 대학교에도 입학할 만큼 뛰어난 학생이었습니다. 그러나 이런저런 이유로 대학을 졸업하지는 못했습니다. 주로 농장 일을 하면서 교편을 잡기도 하고, 시도 종종 썼다고 합니다. 고등학교 동창생과 스무 살에 결혼했고, 그 이듬해부터는 여섯 명의 아이들이 연이어 태어났으니 현실이 녹록지는 않았을 것입니다.

프로스트는 인생의 꽤 오랜 시간을 시골과 농장에서 보냈습니다. 덕분에 농부로서의 삶이 잘 녹아든 시들로 유명해졌습니다. 그는 아름다운 자연을 쉬운 언어로 멋지게 표현했으며, 자연주의적이고 전원적인 시, 소박하고 서정적이면서도 단순한 어휘, 예리한 관찰력 등으로 평론가들의 호평과 대중의 인기를 모두 얻었습니다. 자신을 둘러싸고 있는 가족들, 특히 아이들의 연이은 죽음과 불행, 아픔을 묵묵히 지켜보고 겪어내면서 그의 시는 더욱 깊어졌을 것입니다. 삶의 고통과 무게에서 비롯된 관조적인 태도 또한 독자들의 마음을 움직이기에 충분했습니다. 비록 젊은 시절에 제때 대학교를 졸업하지는 못했지만, 시인으로서 성공한 후에는 하버드, 예일, 다트머스, 콜롬비아대학교 등에서 명예 학위를 받기도 하였습니다.

프로스트는 케네디(John F. Kennedy) 대통령과의 남다른 인연으로도 유명합니다. 대통령이 되기 전부터 존 F. 케네디는 프로스트의 시를 참 좋아했습니다. 선거 유세를 할 때도 프로스트의 시 「눈 내리는 저녁, 숲 가에 멈춰서서(Stopping by Woods on a Snowy Evening)」의 마지막 부분을 자주 인용했다고 합니다.

But I have promises to keep, 그러나 나는 지켜야 할 약속들이 있고,
And miles to go before I sleep, 잠들기 전에 가야 할 길이 멀다,
And miles to go before I sleep. 잠들기 전에 가야 할 길이 멀다.

영어 부분만 소리 내어 여러 번 반복해서 읽다 보면 묘하게 리듬이 느껴집니다. 그리고 세 행이 모두 'keep, sleep, sleep'으로 끝나는데, 영시에서는 이렇게 각 행의 끝에 같은 소리가 나도록 '각운(rhyme)'을 맞추어 시를 쓰는 경우가 많습니다. 우리말로 아무리 번역을 잘해도 영시 고유의 형식적인 규칙인 '각운'까지 번역할 수는 없겠지요. '각운'과 '리듬감'은 영시를 꼭 원문 그대로 읽어야만 하는 이유이기도 합니다. 오늘날 영어 노래 가사나 랩에서도 각운은 흔히 찾아볼 수 있답니다.

노벨상 수상 축하연에 참석한 프로스트가 재클린 케네디와 이야기를 나누고 있다.

다시 프로스트와 케네디 이야기로 돌아가겠습니다. 존 F. 케네디가 드디어 대통령으로 당선이 되자, 프로스트는 시인으로서는 최초로 대통령 취임식에서 축시를 낭송했습니다. 이제는 시인이 대통령 취임식에서 축시를 낭송하는 일이 흔한 일이 되었지만, 그 역사의 시작은 프로스트였습니다. 당시 여든을 훌쩍 넘긴 노인이었던 프로스트는 케네디의 취임을 축하하기 위하여 길고 멋진 헌정시를 썼습니다. 그런데 단상에 올라가서는 헌정시가 아니라 「The Gift Outright」라는 시를 낭송하고 내려옵니다. 1월의 취임식장에는 눈이 많이 쌓였는데, 눈에 반사된 빛 때문에 원고가 잘 보이지 않아서 시를 읽을 수가 없었기 때문입니다. 덕분에 헌정시와 실제 낭송한 시가 모두 유명해졌다는 후문입니다.

그로부터 2년 후 프로스트가 세상을 떠나자 케네디 대통령은 진심을 담아 추모 연설을 하였습니다. 프로스트의 시들을 자유자재로 적절히 인용하였으며 메시지까지 훌륭하고 감동적이었기에 그 연설은 케네디의 기념비적인 명연설로 평가받기도 했습니다. 그러나 불과 한 달후 케네디 대통령도 유명을 달리합니다. 갑작스럽게 피살되는 사건이 발생했기 때문입니다. 당시에 백악관으로 영구차가 들어오는 장면을 생중계하던 방송 진행자는 프로스트의 시 「눈 내리는 저녁, 숲 가에 멈춰서서」를 인용하였고, 프로스트와 케네디의 특별한 인연은 그렇게 끝을 맺게 되었습니다.

프로스트의 시는 우리나라에서도 인기가 많았습니다. 혹시 피천득의 『인연(因緣)』이라는 수필집을 아십니까? 금아(琴兒) 피천득 선생의 수필들은 워낙 유명해서 국어 교과서에도 여러 편 수록되었던 기억이 납니다. 피천득 선생은 서정적이고 섬세한 감성을 지닌 수필가로 유명하기도 하지만, 사실 대학에서 영어영문과 학생들을 가르치며 영문학자로도 활동하셨던 분입니다. 수많은 영시를 우리말로 번역하기도 하였습니다.

『인연』이라는 수필집 안에는 「로버트 프로스트」라는 수필이 있습니다. 기록에 따르면 피천득 선생은 프로스트와 상당한 우정을 나눈 사이로 보입니다. 크리스마스 이브날 밤에 만나서 밤늦도록 문학 이야기를 나누고, 헤어질 때는 서로 꼭 껴안았다고 하니 말입니다. 그는 자신의 수필 속에서 프로스트를 '자연 시인, 순박한 사람, 촌사람, 거친 농부의 손, 쉬운 동사를 쓰며 형용사를 많이 쓰지 않는다' 등으로 표현하고 있습니다. '프로스트의 시를 읽으면 마음이 놓이는 친구와 이야기를 나누는 것 같다'라고 할 만큼 프로스트의 시에 남다른 애정을 가졌기에 피천득 선생은 한 마디 한 마디 고심하고 또 고심하면서 번역 작업을 했으리라 짐작됩니다. 그래서인지 피천득 선생의 「가지 않은 길」은 우리나라에서 가장 많이 알려지고 읽히는 번역본이 되었습니다.

가지 않은 길

노란 숲속에 길이 두 갈래로 났었습니다.
나는 두 길을 다 가지 못하는 것을 안타깝게 생각하면서,
오랫동안 서서 한 길이 굽어 꺾여 내려간 데까지,
바라다볼 수 있는 데까지 멀리 바라다보았습니다.

그리고, 똑같이 아름다운 다른 길을 택했습니다.
그 길에는 풀이 더 있고 사람이 걸은 자취가 적어,
아마 더 걸어야 될 길이라고 나는 생각했었던 게지요.
그 길을 걸으므로, 그 길도 거의 같아질 것이지만.

그날 아침 두 길에는
낙엽을 밟은 자취는 없었습니다.
아, 나는 다음 날을 위하여 한 길은 남겨 두었습니다.
길은 길에 연하여 끝없으므로
내가 다시 돌아올 것을 의심하면서
훗날에 훗날에 나는 어디선가
한숨을 쉬며 이야기할 것입니다.
숲속에 두 갈래 길이 있었다고
나는 사람이 적게 간 길을 택하였다고,
그리고 그것 때문에 모든 것이 달라졌다고.

또 한 분의 유명한 시인이 이 시를 멋지게 번역하였습니다. 바로 정현종 시인입니다. 정현종 시인은 「The Road not Taken」이라는 시의 제목을 「걸어보지 못한 길」이라고 번역하였습니다. 철학과 교수이기도 했던 정현종 시인의 번역본은 피천득 선생과는 또 다른 매력이 있어서 한번 옮겨봅니다. 그리고 프로스트의 원문도 함께 싣습니다.

The Road not Taken

Two roads diverged in a yellow wood,
And sorry I could not travel both
And be one traveller, long I stood
And looked down one as far as I could
To Where it bent in the undergrowth;

Then took the other, as just as fair,
And having perhaps the better claim,
Because it was grassy and wanted wear;
Though as for that the passing there
Had worn them really about the same,

And both that morning equally lay
In leaves no step had trodden black.
Oh, I kept the first for another day!
Yet knowing how way leads on to way,
I doubted if I should ever come back.

I shall be telling this with a sigh
Somewhere ages and ages hence;
Two roads diverged in a wood, and I ⋯
I took the one less traveled by,
And that has made all the difference.

걸어 보지 못한 길

단풍 든 숲속에 두 갈래 길이 있더군요.
몸이 하나니 두 길을 다 가볼 수는 없어
나는 서운한 마음으로 한참 서서
잣나무 숲속으로 접어든 한쪽 길을
끝 간 데까지 바라보았습니다.

그러다가 또 하나의 길을 택했습니다.
먼저 길과 똑같이 아름답고, 아마 더 나은 듯도 했지요.
풀이 더 무성하고 사람을 부르는 듯했으니까요.
사람이 밟은 흔적은 먼저 길과 비슷하기는 했지만,

서리 내린 낙엽 위에는 아무 발자국도 없고
두 길은 그날 아침 똑같이 놓여 있었습니다.
아, 먼저 길은 한번 가면 어딘지 알고 있으니
다시 보기 어려우리라 여기면서도.

오랜 세월이 흐른 다음
나는 한숨 지으며 이야기하겠지요.
"두 갈래 길이 숲속으로 나 있었다, 그래서 나는 -
사람이 덜 밟은 길을 택했고,
그것이 내 운명을 바꾸어 놓았다"라고.

로버트 프로스트의 원본은 천천히 소리 내어 읽어보는 것이 좋습니다. 영시 특유의 각운을 살려 읽으면 위트와 리듬감, 소리의 아름다움까지 모두 느낄 수 있답니다. 특히 마지막 연이 가장 유명하고, 그중에서도 제일 끝에 나오는 3행이 가장 많이 인용됩니다. 번역이 아무리 멋져도 이 부분만큼은 꼭 영어 원문 그대로 외우고 싶기도 합니다. 천천히 여러 번 반복해서 읽다 보면 두 길의 갈림길에 서 있는 프로스트의 진중한 목소리도 들리는 것 같습니다.

피천득 선생과 정현종 시인이 서로 다르게 해석하긴 했지만, 프로스트의 원문을 읽다 보면 두 가지 번역본의 교집합이 보여서 재미있습니다. 같은 시를 바라보는 영문학자와 철학자의 각기 다른 시선과 감성, 그로 인한 고심까지 함께 전해지는 것 같기도 합니다. 대학교에서 이 시를 강의하셨던 연세 지긋한 노교수님께서는 "어느 한 길을 선택했다면 잘잘못을 따지거나 자책하지 말고 주어진 길에서 최선을 다하며 열심히 사는 것이 중요합니다."라고 말씀하셨습니다. 책에 정성스럽게 필기해놓은 것을 한참 쳐다봤습니다. 그때는 시험에 나올 것 같아 무작정 받아적었는데, 이제는 그 말의 의미를 가슴으로 이해할 수 있을 것 같습니다. 프로스트 역시 "모자라는 부분을 채워가는 것이 행복이다 (Happiness makes up in height for what it lacks in length)."라고 말한 적이 있지요.

「The Road not Taken」은 번역본들까지 훌륭하고 시에 쓰인 단어와 내용도 어렵지 않아서 '영시 입문용'으로 부담 없이 읽을 수 있는 시입니다. 미국 영어로 비교적 최근에 쓰였으니 해석도 잘 되는 편이지요. 하지만 결코 내용은 가볍지 않습니다. 잔잔한 여운을 남기면서도 깊은 사색을 끌어낼 수 있는 좋은 시입니다. 진로로 고민하는 학생들이나 삶의 갈림길에 서 있는 사람들이 읽는다면 더더욱 울림이 큰 시가 될 것입니다. 산전수전 다 겪은 프로스트 아저씨가 시골길에 서서 들려주는 현명하고 따뜻한 조언처럼 들릴 수도 있습니다. 저는 영화 〈라라랜드(La La Land)〉의 마지막 장면을 보고 불현듯 이 시가 떠오르기도 했습니다. 사실 인생이란 늘 갈림길에서의 선택, 그로 인한 미련, 또 다른 선택과 후회로 끝없이 이어지는 긴 여정이 아닌가요? 인간의 보편적인 고민과 삶의 모습을 다루면서 자연스럽게 공감과 생각을 끌어내고, 동시에 영시의 매력까지 알게 해주는 「The Road not Taken」은 그야말로 '인생 영시'가 되기에 충분한 시입니다.

2차시

영문학을 빛낸 첫 번째 사랑
: 존 던

동서고금을 막론하고 '사랑'이란 참으로 꾸준히 '사랑'받는 소재라는 생각이 듭니다. 그리고 진심으로 사랑을 노래했던 작품들은 세월이 지난 오늘날에 읽어도 충분히 공감되고 아름답습니다. 유명한 영문학 작가들도 한 사람의 인간으로서 드라마 같은 '사랑'을 하였고, 또 자신의 경험과 감정을 고스란히 작품 속에 담아내어 독자들로부터 또 다른 '사랑'을 받았습니다.

한 가지 흥미로운 사실은 '순탄하고 무난한 사랑'보다는 '애틋하고 절절한 사랑'을 노래한 작품들이 더 인기를 끌었다는 점입니다. '로미오와 줄리엣 효과(Romeo & Juliet Effect)'라는 것이 있습니다. 주위의 반대가 심할수록 두 남녀의 사랑은 오히려 깊어지는 현상을 가리키는 말입니다. 부모님이 반대하거나, 신분의 차이가 있거나, 한쪽이 마음을 받아주지 않거나, 떨어져야만 하거나, 혹은 누군가가 영영 떠나버리면 그 사랑은 더욱 깊어지고 활활 타오르게 됩니다. 갖가지 사랑의 장애물들이 당사자들에게는 고통이었을 수도 있겠지만, 그 고통으로 인해 사랑은 더욱 강렬해졌을 것입니다. 그리고 이 감정을 주체하지 못했던 시인들은 그 뜨거운 마음에 자신만의 예술적 감각과 재능을 결합하여 '걸작'을 남겼을 테지요.

'영문학을 빛낸 사랑'을 했던 작가들은 많지만, 그중에서도 제가 제일 좋아하는 두 명의 시인을 소개하겠습니다. 한 시인은 역경을 딛고 사랑을 얻었기에 달콤하고 정열적인 작품을 남겼습니다. 또 한 시인은 끝끝내 사랑을 얻지 못하여 애절하고 가슴 아픈 작품들을 남겼지요. 이들의 사연은 단순한 스캔들이 아니라 영문학사에서 길이길이 남을만한 유명한 사랑 이야기로 전해지고 있으며, 그들의 사랑을 받았던 두 여인 역시 그들만의 뮤즈(muse)가 아니라 '영문학을 빛낸 여인들'이 되었습니다. 이들의 사랑 노래를 읽다 보면 영시가 최신 팝 음악 가사처럼 감각적으로 느껴지기도 합니다. 아니, 노래 가사보다 훨씬 더 멋있어서 영시에 대한 거부감이 싹 달아날 정도입니다. 그 옛날, 수백 년 전의 사랑 노래들이 지금까지도 많은 사람의 가슴을 파고들 수 있다는 점이 정말 놀랍습니다. 시간과 공간을 초월하여 감동을 줄 수 있다는 것, 그것이 바로 사랑의 힘이자 걸작의 힘이 아닐까요?

풍자시와 종교시로 유명하면서도 달콤하고 정열적인 사랑 노래들을 남겼던 시인이 있습니다. 바로 17세기 영국 문학을 대표하는 시인 존 던(John Donne, 1572-1631)입니다. 존 던은 '형이상학과 시인의 아버지'라 불리기도 하는데, '형이상학적(metaphysical)'이라는 말은 전혀 닮은 것이 없는 두 개의 개념을 하나로 결합하여 확장하는 은유법을 뜻합니다. 처음에는 다소 부정적인 뜻이었습니다. 이상하고 괴팍하고 기이하게 느껴지는 시를 비판하는 용어였다고도 합니다. 지금 읽어보면 기가 막히게 천재적이지만 말입니다. 존 던은 수준 높고 우아한 시어보다는 일상어와 구어체 리듬을 사용했으며, 상당히 독창적이고 재미있는 시를 썼습니다. 사랑을 빙빙 둘러 표현하지 않고 노골적이고 직설적으로 표현했다는 점도 당대의 시풍과 달랐으니 아마 동시대인들에게는 좋은 평가를 받을 수 없었을 것입니다. 존 던의 사랑 시는 진지한 가운데서도 재기발랄하여 피식 웃음을 짓게 만드는 독특한 매력이 있습니다. 게다가 시대를 너무 앞서간 나머지 지금 읽어도 대담하고 파격적이라고 느껴지지요.

존 던은 유서 깊은 가톨릭 집안에서 태어났습니다. 하지만 당시 영국에는 반가톨릭 문화가 팽배했으므로 존 던의 가족들은 종교적인 차별을 받았습니다. 종교 때문에 처형을 당하거나 유명을 달리한 가족들이 한둘이 아니었으며, 존 던 역시 똑똑하고 능력이 있었으나 학업이나 직업 면에서 순탄한 길을 가지 못했습니다. 종교적인 이유로 옥스퍼드에서도 케임브리지에서도 학위를 따지 못했답니다. 그러다가 스물

다섯 즈음 그는 국새상서(Lord Keeper of the Great Seal) 토마스 에저튼 (Thomas Egerton) 경의 수석비서가 됩니다. 하지만 에저튼의 질녀와 그만 사랑에 빠지고 마는데, 그녀가 바로 존 던의 영원한 뮤즈(muse) 앤 모어(Ann More)입니다. 존 던을 처음 만났을 때 앤 모어는 10대였다고 알려져 있습니다. 나이 차이에 집안 차이, 종교 차이까지 컸던 사랑이 쉬웠을 리가 없겠지요. 둘은 서로를 너무 사랑해서 비밀결혼을 하기도 했지만, 이 일로 존 던은 직책을 잃었을 뿐만 아니라 심지어 감옥에 가기도 합니다. 감옥에서도 'John Donne, Ann Donne, Undone(존 던, 앤 던, 안 끝났어요)'이라고 외치던 존 던의 사랑이 정식으로 인정받기까지는 꽤 오랜 시간이 걸렸답니다.

젊은 날의 존 던 초상
(1595년).

직업을 잃고 마땅히 돈벌이가 없었던 존과 앤은 시골로 내려가 가난하게 살았습니다. 게다가 아이들은 거의 매년 태어났습니다. 사랑이 유난히 깊었던 이들은 무려 12명의 아이를 낳았다고 전해집니다. 그러나 두 아이는 사산되고, 또 두 아이는 열 살도 되기 전에 세상을 떠나는 등 여섯 명의 아이만 살아남았습니다. 훗날 존 던은 아이들의 장례 비용을 감당할 수 없을 만큼 가난했었다고 이 시기를 회상했습니다. 그토록 사랑했던 앤은 마지막 열두 번째 아이를 낳고 5일 만에 영원히 존의 곁을 떠나게 됩니다. 하지만 존 던은 재혼하지 않고 아이들을 키우며 남은 삶을 평생 홀로 보내게 되는데, 특이한 것은 앤에게 바쳤던 뜨거운 정열과 사랑을 오로지 신에게만 바치면서 종교인으로 살았다는 점입니다. 존 던은 영국국교회(성공회)로 개종하고 신학 박사 학위를 받았으며, 국왕 제임스 1세의 왕실 전속 사제로 지냈습니다. 그리고 세속적인 시인이 아니라 거룩한 종교 시인으로 거듭났으며, 성직자로서 세인트폴 대성당의 수석 사제가 되기도 했습니다.

놀라운 점이 하나 있습니다. 앤 모어를 만나기 전까지의 존 던은 결코 로맨틱한 남자가 아니었다는 점입니다. 존 던의 초기 시를 보면 정말 '나쁜 남자' 같아서 화가 날 정도입니다. 쾌락적이거나 육체적인 사랑을 주로 노래하였고, 여성에 대한 냉소적인 태도도 눈에 띕니다. 당시에는 여성을 미화하고 이상화하던 시절이었으며, 정신적인 사랑이나 금욕주의를 가치 있게 여기던 시대였습니다. 존 던처럼 육체적 사랑을 노골적으로 노래하는 시인은 거의 없었습니다. 이 무렵 존 던이 쓴 시 가운데 아주 유명한 시가 있습니다. 「벼룩(The Flea)」이라는 시입니다. 말이 필요 없는 시입니다. 다만 17세기의 영어인지라 고어도 많이 나오고 조금 어렵기도 합니다. 내용 이해를 위해서는 한글 해석 먼저 읽어보시길 추천합니다.

The Flea

Mark but this flea, and mark in this,
How little that which thou deniest me is;
It sucked me first, and now sucks thee,
And in this flea our two bloods mingled be;
Thou know'st that this cannot be said
A sin, nor shame, nor loss of maidenhead,
Yet this enjoys before it woo,
And pampered swells with one blood made
  of two,
And this, alas, is more than we would do.

Oh stay, three lives in one flea spare,
Where we almost, nay more than married
  are.
This flea is you and I, and this
Our marriage bed, and marriage temple is;
Though parents grudge, and you, w'are met,
And cloistered in these living walls of jet.
Though use make you apt to kill me,
Let not to that, self-murder added be,
And sacrilege, three sins in killing three.

Cruel and sudden, hast thou since
Purpled thy nail, in blood of innocence?
Wherein could this flea guilty be,

벼룩

이 벼룩을 보시오, 이걸 보면
그대 거절 얼마나 하찮은 것인지 알리라;
벼룩은 먼저 나를, 이제 그대를 물었소,
그러니 이 벼룩 안에 우리 둘 피가 섞였소;
이게 죄는 아닐진대, 수치도 아니요
그대 처녀를 잃은 것도 아니요,
그럼에도 이 벼룩은 구애도 없이 즐기는구려,
우리 둘에서 한 피 만들어 부풀대로 부풀었으니,
애통하구려, 이 벼룩이 우리보다 낫네.

오 기다리시구려, 벼룩 한 마리에 세 생명이 들었으니,
이 벼룩으로 우린 결혼한 이상이오.
이 벼룩은 당신과 나, 이 벼룩은
우리 결혼 침상, 결혼 사원이요;
부모가 불평하더라도, 그대 또한 그렇더라도, 우리 만나
이 살아있는 흑옥(黑玉)의 벽 속에 갇혔구려.
이런다고 당신 나를 죽이고 싶더라도,
그리 마시길, 자기 살해에 더해,
신성모독까지 있으니, 셋을 죽이면 죄도 셋.

잔인하고 성급하구려, 기어이 그대
순수의 피로 그대 손톱을 붉게 물들였단 말인가?
이 벼룩 무슨 죄가 있단 말이오,

Except in that drop which it sucked from
  thee?
Yet thou triumph'st, and say'st that thou
Find'st not thy self, nor me the weaker now;

'Tis true; then learn how false, fears be:
Just so much honor, when thou yield'st to me,
Will waste, as this flea's death took life from
  thee.

당신 핏방울을 빨았던 걸 빼면?
그럼에도 그대 당당하구려, 그대 말로는
그렇다고 그대 자신도 나도 약해진 것 없다니;
맞는 말이오, 두려움이 얼마나 어리석은지도 알겠구려

그대 내게 허락한다 해도, 그대 잃을 정절은,
이 벼룩이 죽어 그대 생명이 사라진 정도.

　　"내 피를 먼저 빨고 당신의 피를 빨았으니 이 벼룩 안에서 우리 둘의
피는 섞이고 말았다"는 1연의 3행과 4행이 압권입니다. 당시에는 피와
피의 결합으로 아이가 탄생한다고 믿었다 하니, 피가 섞였다는 것은
또 다른 의미를 함축하는 것이겠지요. 2연에서는 벼룩이 결혼 침대면
서 사원과 같다고 했습니다. 게다가 벼룩을 죽이면 아이까지 셋을 죽
이는 것과 같으며, 자기 살해에 신성 모독죄까지 추가된다는 억지 주
장을 펼칩니다. 원인 모를 '떼쓰기'가 참으로 어처구니가 없지만, 그 기
발한 상상력만큼은 귀엽기도 합니다. 3연에서는 결국 벼룩을 죽여버
린 여인에게 여인의 정절이란 죽은 벼룩만큼의 정절일 뿐이라고 끝까
지 떼를 쓰고 있습니다. 뜻대로 안 되어 툴툴대는 남자의 말투와 감정
까지 그대로 느껴지는 참 재미있는 시입니다. 존 던의 위트가 셰익스피
어 못지않습니다. 벼룩 안에서 피가 섞였으니 이미 육체적인 결합이 이
루어졌다는 내용은 지금 읽어도 신선하다 못해 파격적이기까지 합니
다. 이렇게 자유분방하게 연애하면서 세속적인 시를 쓰던 시절의 존 던
은 이른바 'Jack Donne'이라고 불립니다. 반면 훗날 거룩한 종교시를

쓰던 성직자 존 던은 'Dr. Donne'이라 불리지요. 학자들은 이 두 사람이 정말 동일 인물이 맞는지 의심했다고 하는데, 달라도 너무 다르니 그럴 법도 합니다.

'Jack Donne' 시절의 존 던은 여성에 대해 상당히 냉소적인 입장을 드러냅니다. 「가서 떨어지는 별을 잡아라(Go and Catch a Falling Star)」라는 시를 보면 "어디에도 참되고 아름다운 여자는 살고 있지 않다(No-where / Lives a woman true, and fair)"고 했으며, 다음과 같이 끝맺습니다.

Yet she Will be False, ere I come, to two, or three	그러나 그녀는 내가 돌아오기 전에 두 명 아니 세 명의 남자에게 거짓되리라.

「사랑의 연금술(Love's Alchemy)」이라는 시도 다음과 같은 구절로 끝맺습니다.

Hope not for mind in women; 　at their best Sweetness and wit, they're but 　mummy, possess'd.	여자에게 마음이 있다고 희망하지 말라, 기껏 해 봐야 아름답고 재치가 있을 뿐, 그러나 소유되고 나면 미라에 불과하다.

'mummy'라는 단어를 저는 '미라'라고 해석했지만, 이것을 '고깃덩어리'로 번역하는 사람들도 있습니다. 현대인의 성 감수성 관점에서 보자면 극도로 위험합니다. 심지어 'Jack Donne' 시절의 존 던은 여성과

의 육체적 사랑을 식민지 개척이나 아메리카 대륙 탐사에 비유하는 시도 썼습니다. 특히 「엘레지19: 잠자리에 드는 연인에게(To His Mistress Going to Bed)」라는 시는 차마 여기에서 언급할 수조차 없습니다. 이렇게 여성의 정절과 처녀성을 조롱하던 남자, 마치 여성을 육체적 사랑의 수단처럼 생각했던 남자가 '앤 모어'를 만난 이후에는 최고의 로맨티시스트가 되어 그토록 '순수한 사랑'을 노래하다니 정말 놀랍지 않습니까? 앤 모어를 만난 이후 존 던의 시는 갑자기 확 변합니다. 사랑은 시풍뿐만 아니라 사람의 인격까지도 변화시키는 것일까요?

존 던이 앤 모어와 비밀결혼을 한 후에 쓰인 시들은 지나치게 달콤하고 아름답습니다. 그 가운데 「좋은 아침(The Good-Morrow)」이라는 시가 있습니다. 'morrow'는 고어로 '아침'이라는 뜻입니다. 연인이 서로를 바라보고 속삭이면서 기분 좋게 아침을 맞이하는 모습이 훤히 그려지는 시입니다.

The Good-Morrow

I WONDER by my troth, what thou and I
Did, till we loved ? were we not wean'd till then?
But suck'd on country pleasures, childishly?
Or snorted we in the Seven Sleepers' den?
'Twas so ; but this, all pleasures fancies be;

좋은 아침

참으로, 그대와 나는 무엇을 했었는지 모르겠소,
우리들이 사랑하기까지는? 젖도 떼지 못하고,
어린애처럼 촌스러운 즐거움을 빨고 있질 않았소?
일곱 잠자는 자의 동굴에서 코를 골고 있질 않았소?
그렇소. 이 사랑 이외에 모든 즐거움은 헛된 것일 뿐.

If ever any beauty I did see,
Which I desired, and got, 'twas but a dream of
thee.

And now good-morrow to our waking souls,
Which watch not one another out of fear;
For love all love of other sights controls,
And makes one little room an everywhere.
Let sea-discoverers to new worlds have gone;
Let maps to other, worlds on worlds have
shown;
Let us possess one world ; each hath one, and is
one.

My face in thine eye, thine in mine appears,
And true plain hearts do in the faces rest;
Where can we find two better hemispheres
Without sharp north, without declining west ?
Whatever dies, was not mix'd equally;
If our two loves be one, or thou and I
Love so alike that none can slacken, none can
die.

만일 내가 어떤 미녀를 알고,
탐내서, 소유했다 해도, 그건 다만 그대의 꿈일 뿐이오.

지금은 깨어나는 영혼에게는 좋은 아침,
이제 우린 두려움으로 서로를 경계하지 않소.
사랑은 모든 다른 곁눈질의 사랑을 억제하고,
하나의 작은 방을 전 세계로 만들기 때문이오.
해양 탐험가들에겐 새로운 세계를 찾아가도록 하고,
딴 사람들에겐 지도로 여러 세계를 보게 해도 좋소.
우리는 하나의 세계만 가집시다,
각자가 하나이고 둘이 하나인 세계를.

내 얼굴은 그대의 눈에, 그대의 얼굴은 내 눈에 나타나니,
참되고 순진한 마음은 그 얼굴 속에 깃들어 있소.
어디서 우리는 이보다 더 나은 반구를 찾을 수 있겠소,
매서운 북쪽도 없고, 해 지는 서쪽도 없는 그런 반구를?
죽는 것은 무엇이건 균등하게 혼합되지 못한 것, 만일
우리 둘의 사랑이 하나이거나,
그대와 내가 똑같이 사랑하여,
어느 쪽도 느슨해지지 않으면, 우린 아무도 죽지 않으리다

둘이 하나가 되어 함께 누워있는 작은 방이 전 세계라고 일컫는 부
분은 존의 넘치는 기쁨과 행복을 짐작하게 합니다. 힘겨운 사랑 끝에
비밀결혼을 했으니 둘이 함께 있는 순간이 얼마나 좋았겠습니까? 다
신경 쓰기 싫고, 그저 작은 방 안에 영원히 머무르고 싶었던 마음이
잘 드러나는 시입니다. 「떠오르는 태양(The Sun Rising)」 역시 존 던 특
유의 기지가 잘 드러나는 시입니다. 둘이 더 오래 함께하고 싶은데 아

침이 밝아오니, 야속하기 짝이 없는 태양을 꾸짖는다는 다소 유치한 설정입니다. 그러나 논리적인 문체로 조목조목 태양을 혼내고 설득하는 것을 보고 있자니 웃음이 절로 나옵니다.

The Sun Rising

떠오르는 태양

BUSY old fool, unruly Sun,
Why dost thou thus,
Through windows, and through curtains, call on
    us?
Must to thy motions lovers' seasons run?

Saucy pedantic wretch, go chide
Late school-boys and sour prentices,
Go tell court-huntsmen that the king will ride,
Call country ants to harvest offices;
Love, all alike, no season knows nor clime,
Nor hours, days, months, which are the rags of
    time.

Thy beams so reverend, and strong
Why shouldst thou think ?
I could eclipse and cloud them with a wink,
But that I would not lose her sight so long.

If her eyes have not blinded thine,
Look, and to-morrow late tell me,
Whether both th' Indias of spice and mine
Be where thou left'st them, or lie here with me.
Ask for those kings whom thou saw'st yesterday,
And thou shalt hear, "All here in one bed lay."

분주한 늙은 바보, 고집 센 태양아,
왜 그대는 이처럼,
창문으로, 커튼으로, 우리를 찾아오는가?
그대의 움직임에 따라 연인들의 계절도 달려야 하는가?

불손하고 현학적인 불쌍한 늙은이여, 가서 꾸짖어라
지각한 학생들이나 심술궂은 도제들이나,
궁정 사냥꾼들에게 말하라 왕이 말을 타실 것이라고,
시골의 개미들에게 추수나 하라고 알려주어라;
사랑하면, 모두 똑같아, 어떠한 계절도 기후도 모른다,
시간도 날도 달도 모른다, 어느 것이 시간의 단편인지.

그대의 빛은 너무나 거룩하고, 강하다고
왜 그대 그렇게 생각하는가?
내 눈 한번 깜박이면 그 빛을 흐리게 하고 지울 수 있다,
내 그동안 그녀를 못 보게 되지만 않는다면.

만약 그녀의 눈이 그대 눈을 멀게 하지 않는다면,
보라, 그리고 내일 늦게 내게 말하라,
향신료와 금이 있는 인도가 모두 그대가 두고 온
그 자리에 있는지, 아니면 여기에 나와 함께 누워있는지를.
그대가 어제 만났던 왕들에게 어디에 있는지 물어보아라.
그대는 들으리라,
"여기 모두 한 침대에 누워있다"는 것을.

She's all states, and all princes I ;
Nothing else is ;
Princes do but play us ; compared to this,
All honour's mimic, all wealth alchemy.

Thou, Sun, art half as happy as we,
In that the world's contracted thus ;
Thine age asks ease, and since thy duties be
To warm the world, that's done in warming us.
Shine here to us, and thou art everywhere ;
This bed thy center is, these walls thy sphere.

그녀는 모든 나라, 그리고 난 모든 왕자.
이 밖에 아무것도 거기엔 없다.
세상의 왕자들은 우리들을 흉내 낼 뿐. 이에 비하면
모든 명예는 가짜요 모든 부는 협잡이다.

그대 태양은 우리의 절반만큼만 행복하리라,
이렇게 세계가 축소되었으니.
그대의 나이는 편안함을 추구하며, 그대의 임무는 세상을
따듯하게 하는 것이니,
우리를 따뜻하게만 해주는 것으로 됐다.
여기 우리들을 비추어라, 그러면 그대는 도처에 있는 셈.
이 침대가 그대의 중심이고, 이 벽들이 그대의 우주다.

마지막으로 한 편의 시만 더 소개하겠습니다. 이 시는 이별을 앞두고 쓴 시입니다. 제목도 「이별: 슬픔을 금하며(A Valediction: Forbidding Mourning)」라는 시입니다. 「벼룩(The Flea)」만큼이나 유명한 존 던의 대표시입니다. 이 시는 존 던이 후원자를 따라 파리를 다녀와야 하는 상황이 되자, 앤 모어와 짧은 이별을 앞두고 쓴 시라고 합니다. 영국에서 잠깐 파리 다녀오는데 그게 무슨 이별이라고 꽤 거창한 시를 썼습니다. 다시 만날 것이 뻔한 상황이니 이별을 노래한 시라기에는 너무 달콤합니다. 시가 좀 길어서 끝부분의 4연만 발췌하였습니다.

Our two souls therefore, which are one,
Though I must go, endure not yet
A breach, but an expansion.
Like gold to airy thinness beat.

그러므로 하나인 우리 두 영혼은
내가 떠나가야 하지만, 단절이
아니라 확장을 겪을 뿐이라오,
공기마냥 얇게 쳐 늘인 금박처럼.

If they be two, they are two so	우리의 영혼이 굳이 둘이라면
As stiff twin compasses are two;	뻣뻣한 한 쌍의 컴퍼스의 다리가 둘인 것처럼 둘이오.
Thy soul, the fixed foot, makes no show	그대의 영혼은 고정된 다리, 움직이는 기색도 안 보이지만
To move, but doth, if the other do;	다른 다리가 움직이면 따라서 움직인다오.
And though it in the center sit,	그대의 다리는 중심에 있으나,
Yet when the other far doth roam,	다른 다리가 멀리 배회할 때면,
It leans, and hearkens after it,	그것은 몸을 기울여 그쪽으로 귀 기울이고
And grows erect, as that comes home.	그것이 제자리에 돌아오면 똑바로 선다오.
Such wilt thou be to me, who must,	그대도 나에게 있어서 그러하다오. 나는
Like the other foot, obliquely run;	다른 다리처럼 비스듬히 달려야 하니,
Thy firmness makes my circle just,	그대의 확고함이 나의 원을 올바로 그리게 하고,
And makes me end where I begun	내가 시작한 곳에서 끝나게 할 수 있다오.

발췌한 첫 번째 연은 존 던의 사랑을 '변하지 않는 금'에 비유합니다. 금은 두드리면 금박처럼 얇게 펴지며 늘어날 뿐, 변하거나 끊어지지는 않듯이 자신의 사랑도 변하지 않는다고 이야기합니다. 다음 연에서부터는 둘의 사랑을 컴퍼스에 비유하는데, 평론가들로부터 매우 뛰어난 형이상학적 기상(metaphysical conceit)으로 높게 평가받는 부분이기도 합니다. 컴퍼스의 두 다리는 바로 존 던과 앤 모어입니다. 다만 앤은 고정된 다리, 존은 움직이는 다리입니다. 둘은 떨어져 있는 것 같지만 결국 하나로 연결되며, 두 다리가 함께 원을 그리는 것은 완전한 사랑을 그려나가는 것입니다. 고정된 다리 역할을 맡은 앤이 확고하게 고정된 채 몸을 살짝 기울여주면, 존은 원을 올바르게 잘 그릴 수 있습니다. 존이 파리를 다녀오는 것은 컴퍼스의 한쪽 다리가 잠시 떨어져서 원을 그리는 것일 뿐 이별은 아니라는 것을 강조하고 있습니다. 앤은

제 자리에 서서 존이 원을 잘 그릴 수 있게 조금씩 몸을 기울이며 기다리라는 메시지를 담고 있습니다.

지금까지 존 던의 걸작 가운데 정말 극히 일부만 소개해 드렸습니다. 사실 앤 모어의 죽음 이후 썼던 거룩한 종교시들이 더 유명하고 훌륭하기에 사랑 노래 몇 편으로 존 던의 작품 세계를 논할 수는 없습니다. 'Jack Donne'이라 불리던 방탕한 시기, 앤 모어를 만나 주위의 반대와 현실적 문제 앞에서도 정열적인 사랑을 나누며 달콤한 사랑 노래를 남겼던 시기, 앤의 죽음 이후 'Dr. Donne'이라 불리며 성직자로서 종교시를 썼던 시기 모두 존 던은 각각의 감정과 생각들에 매우 충실했고, 그래서 각각 최고의 작품들을 남겼습니다. 마치 세 명의 남자가 쓴 것이 아닐까 의심될 정도로 말입니다. 하지만 만약 존 던과 앤 모어가 만나지 않았다면 이토록 달콤하고 기발한 사랑 노래들도, 어쩌면 그토록 거룩한 종교시들도 세상에 없었을지도 모릅니다. 한 사람의 남자로서, 또 시인으로서의 존 던에게 정말 소중했던 그 사랑을 감히 '영문학을 빛낸 사랑'이었다고 부르고 싶습니다.

영문학을 빛낸 두 번째 사랑
: 윌리엄 버틀러 예이츠

이번에는 윌리엄 버틀러 예이츠(William Butler Yeats, 1865-1939)의 사랑을 소개하겠습니다. 예이츠는 영국이 아니라 아일랜드 더블린에서 태어나고 활동한 사람입니다. 그는 1923년에 아일랜드 사람으로는 최초로 노벨상을 수상할 만큼 훌륭한 작가였습니다. 예이츠를 이야기할 때 결코 빠질 수 없는 여인이 있습니다. 바로 모드 곤(Maud Gonne, 1866-1953)이라는 여인입니다. 예이츠는 1889년, 그러니까 스물셋의 나이에 자신의 운명을 뒤흔드는 여인을 처음 만납니다. 순진하고 감상적이었던 시인 예이츠는 큰 키(180cm 이상이었을 것이라 추정)에 하얀 피부, 금발의 미녀이면서도 당찬 여자 모드 곤을 보고 사랑에 빠지게 됩니다. 예이츠는 훗날 그날을 회상하며 'The troubling of my life began'이라고 했습니다. 'troubling'이라는 단어는 앞으로의 삶에 대한 복선 같기도 하네요.

모드 곤은 아름다운 여배우이자 동시에 아일랜드의 독립을 위해 싸우는 독립운동가였으며 페미니스트이기도 했습니다. 700년간 영국의 지배를 받아온 아일랜드가 전쟁을 해서라도 독립해야 한다고 주장하는 혁명가로서 그녀는 각종 시위나 집회를 주도했습니다. 하지만 그렇게 아일랜드를 사랑하느라 예이츠까지 사랑할 마음의 여유는 없었나 봅니다. 모드 곤은 예이츠의 청혼을 거절합니다. 그런데도 모드 곤을 향한 예이츠의 사랑은 나날이 깊어가고, 그 안타까운 마음은 작품 속에서 슬프지만 멋지게 승화됩니다. 모드 곤의 영향으로 예이츠는 아일랜드 독립단체에 가입하고 민족주의적인 작품도 많이 남겼습니다. 그래도 모드 곤은 예이츠의 사랑과 청혼을 일평생 줄기차게 거절합니다. 심지어 그녀는 결혼과 육체적 사랑에 대해 매우 비판적이었습니다. 육체적 사랑에 대해서는 'a horror and terror of physical love'라고 말하기도 했습니다. 모드 곤은 예이츠의 청혼에 'spiritual marriage'를 제안하며 플라톤적인 우정만을 유지하고 싶다고 합니다. '예이츠의 시는 두 사람 사이의 아이들과 같다(Our children were your poems)'고 쓴 적도 있었습니다. 또 다른 편지에서는 예이츠의 육체적인 욕망이 사라지기를 기도하고 있다는 내용도 있습니다.

그러나 '사랑의 약자'였던 예이츠는 모드 곤의 제안을 모두 받아들이고, 들끓는 사랑의 감정을 계속해서 시로 승화시킵니다. 예이츠가 쓴 「첫사랑(First Love)」이라는 시를 보면 사랑의 아픔이 그대로 전해집니다.

First Love

첫사랑

Though nurtured like the sailing moon
In beauty's murderous brood,
She walked awhile and blushed awhile
And on my pathway stood
Until I thought her body bore
A heart of flesh and blood.

비록 떠가는 달처럼
미의 잔인한 종족 속에서 키워졌지만,
그녀는 한동안 걷고 잠깐은 얼굴 붉히며
또 내가 다니는 길에 서 있다
그녀의 몸이 살과 피로 된 심장을
갖고 있다고 내가 생각할 때까지.

But since I laid a hand thereon
And found a heart of stone
I have attempted many things
And not a thing is done,
For every hand is lunatic
That travels on the moon.

허나 나 그 위에 손을 얹어
냉혹한 마음을 발견한 이래
많은 것을 시도해 보았으나
아무것도 이루지 못했지.
손을 뻗칠 때마다 달 위를
떠도는 미치광이 같아.

She smiled and that transfigured me
And left me but a lout,
Maundering here, and maundering
   there,
Emptier of thought
Than the heavenly circuit of its stars
When the moon sails out.

그녀는 웃었고 나를 변화시켜
바보로 만들고
여기저기를 배회하여
달이 사라지고
별들의 천상의 순회보다 더
텅 빈 머리로.

모든 첫사랑은 다 아프다고 하지만, 이렇게 아프지는 않을 것 같습니다. 예이츠의 시를 읽다 보면 이별을 하지 않았어도 마치 이별을 당한 것 같고, 짝사랑을 하고 있지 않아도 짝사랑을 하는 것처럼 가슴이 먹먹해지고 아려옵니다. 차라리 모드 곤이 평생 비혼이었으면 이렇게까지 슬프지도 않습니다. 사실 모드 곤은 연애를 하면서 아이를 낳기도 했었고, 독립운동을 같이했던 민족주의자 존 맥브라이드(John Mac-

Bride)와 결혼도 했었습니다. 모드 곤의 결혼에 대해서 훗날 예이츠는 「화해(Reconciliation)」라는 시에서 이렇게 이야기했습니다.

When, the ears being deafened, the
  sight of the eyes blind
With lightning you went from me

귀가 멀고 눈이 안 보이게 된 날,
번개와 함께 당신이 내게서 떠나던 날

「너무 오래 사랑하지 말라(O Do Not Love Too Long)」는 시도 예이츠의 상실감과 좌절감을 잘 표현하고 있습니다. 마치 정통 발라드 가사 같습니다.

SWEETHEART, do not love too long:
I loved long and long,
And grew to be out of fashion
Like an old song.

그대여, 너무 오래 사랑을 말라.
나는 너무 오래 사랑을 했다.
그리하여 시대에 뒤떨어졌다.
마치 옛 노래처럼.

All through the years of our youth
Neither could have known
Their own thought from the other's,
We were so much at one.

우리 젊은 시절에는 언제나
자신의 생각을 상대방의 생각과
구분하는 일은 아예 하지 못했다
우리는 그토록 하나였으니.

But O, in a minute she changed—
O do not love too long,
Or you will grow out of fashion
Like an old song.

그러나 아, 일순간 그녀는 변했다
아, 너무 오래 사랑을 말라,
그렇지 않으면 시대에 뒤지리라
마치 옛 노래처럼.

존 던의 시는 마냥 달콤하고 가슴이 콩닥콩닥, 이른바 '심쿵'하면서 피식 웃음이 나올 때가 많았는데, 예이츠의 시는 읽으면 읽을수록 왜 이렇게 가슴이 미어지고 먹먹해지는지 모르겠습니다. 모드 곤의 결

존 버틀러 예이츠가 그린
1900년도 윌리엄 버틀러 예이츠 초상.

파스텔로 그린 모드 곤의 초상화(1898).

혼 이후 예이츠의 시에도 변화가 옵니다. 많은 평론가가 모드 곤의 결혼 이후 예이츠의 시가 현실적으로 바뀌었다고 하면서 '모드 곤 결혼 전'까지를 '예이츠의 전기 시'라고 일컫습니다. 그만큼 모드 곤은 예이츠의 작품 세계에서 중요한 여인이었습니다. 하지만 모드 곤의 결혼생활도 그리 행복하지는 않았습니다. 예이츠는 모드 곤의 남편 존 맥브라이드를 가리켜 '술주정뱅이, 허풍선이 촌놈(a drunken, vainglorious lout)'이라고 시에서 언급한 적이 있습니다. 실제로 존 맥브라이드라는 남자는 술을 좋아하고 다소 폭력적이었다고 알려져 있습니다. 그는 독립운동을 하다가 1916년에 영국군에 체포되어 처형되었고, 모드 곤과 존 맥브라이드의 13년 결혼생활도 비극적으로 끝이 납니다.

모드 곤이 다시 싱글로 돌아왔습니다. 쉰이 넘도록 모드 곤을 못 잊고 독신으로 살고 있었던 예이츠는 존 맥브라이드가 죽은 그해 기다렸다는 듯이 청혼을 합니다. 그러나 또 거절입니다. 정신을 놓았는지 이 무렵에 예이츠는 모드 곤의 딸(Iseult Gonne)에게까지 청혼을 했다고 알려져 있습니다. 그리고 그로부터 얼마 지나지 않아, 예이츠는 스물일곱 살이나 차이가 나는 20대 여성 조지(George Hyde-Lees)와 결혼합니다. 의외로 예이츠의 결혼생활은 나쁘지 않았습니다. 기록에 따르면 조지라는 여인은 나이는 어렸으나 예이츠의 상처를 보듬어주었고, 예이츠를 진심으로 존경했던 것으로 보입니다. 모드 곤과의 관계를 알고 있으면서도 결혼했고, 결혼 후 모드 곤이 예이츠의 시에서 계속 등장하는 것조차 이해했던 것 같습니다. 이후 아들과 딸이 태어나면서 두 사람은 안정적으로 가정을 이루었으며, 말년에 예이츠는 상원의원이 되기도 하고 노벨문학상까지 거머쥡니다.

예이츠는 약 50편이 넘는 시에서 모드 곤을 노래했습니다. 그에게 모드 곤은 지상 최고의 아름다움이자, 장미였고, 천사였습니다. 결국 두 사람은 이루어지지 않았지만 모드 곤을 노래하다 보니 노벨문학상까지 받았습니다. 마지막으로 소개할 시는 「그대 늙었을 때(When You Are Old)」라는 시입니다. 사랑하는 연인과 함께 늙어가는 순간을 상상했던 한 남자의 진심이 느껴져 더욱 따뜻하고 뭉클한 시입니다.

When you are old

When you are old and grey and full of sleep,
And nodding by the fire, take down this book,
And slowly read, and dream of the soft look
Your eyes had once. and of their shadows deep;

How many loved your moments of glad grace,
And loved your beauty with love false or true,
But one man loved the pilgrim soul in you,
And loved the sorrows of your changing face;

And bending down beside the glowing bars,
Murmur, a little sadly, how love fled
And paced upon the mountains overhead
And hid his face amid a crowd of stars.

그대 늙었을 때

당신이 늙고 백발이 되고 졸음이 많아져
벽난로 옆에서 끄덕이며 졸 때 이 책을 꺼내시오,
그리고 천천히 읽으며 한때 그대의 눈이 지녔던
부드러운 모습과 그 깊은 그늘을 꿈꾸어 보시오.

즐겁고 우아했던 당신의 순간들을 얼마나
     많은 사람들이 사랑했으며,
진실된 혹은 거짓된 사랑으로 당신의 아름다움을
     사랑했는지.
그러나 한 남자는 당신 마음속 순례의 영혼을 사랑했고
당신의 변해가는 얼굴의 슬픔까지 사랑했음을.

그리고 달구어진 쇠막대 옆에 몸을 숙이고
조금은 슬픈 듯 중얼거리시오, 사랑이 어떻게
머리 위의 저 산 너머로 달아나
수많은 별들 사이로 그 얼굴을 감추어버렸는지.

눈물 없이는 읽을 수가 없습니다. 예이츠는 모드 곤과 함께 벽난로 옆에서 책 읽으며 늙어가고 싶었겠지요. 꾸벅꾸벅 졸고 있는 모드 곤에게 당신을 진정 사랑했던 사람이 나였노라, 당신의 영혼까지 사랑했던 사람은 나밖에 없었노라, 또 고백하고 싶었을 것입니다. 변해가는 얼굴의 슬픔도 사랑했다는 구절에서 예이츠의 진심이 느껴져서 저도 개인적으로 이 시를 참 좋아합니다. 하지만 이 사랑이 이루어지지 않았다는 것을 알고 있기에 마음이 편하지는 않습니다. 존 던처럼 잠깐이라도 달콤한 사랑을 나누었더라면 이렇게까지 아쉽지는 않을 텐데 말입니다.

그러나 모드 곤은 예이츠에게 훌륭한 뮤즈였고 수많은 걸작의 원동력이었으니, 그녀를 미워할 수도 없습니다. 예이츠 자신도 "만일 모드 곤이 내 사랑을 받아들였더라면 나는 그저 평범한 사람이 되었을 것이다."라고 말했다고 합니다. 모드 곤도 역시 "세상 사람들은 제가 당신과 결혼하지 않은 것을 감사해야 할 것입니다."라고 했지요. 예이츠의 작품과 영문학의 발전을 위해서 둘의 사랑이 이루어지지 않은 것은 오히려 다행이었을까요?

　여인의 사랑은 얻지 못하였지만, 수많은 작품과 노벨문학상을 얻었던 예이츠에게 "감히 당신의 사랑은 '영문학을 빛낸 사랑'이었노라!"라고 위로해주고 싶습니다. 그리고 먼 훗날 다른 나라에서 영어를 공부하는 사람들에게도 영시의 매력을 알게 해주어 감사하다고 말해주고 싶습니다.

저자 후기

충분한 집필 기간을 허락해주신 덕분에 벚꽃 날리는 캠퍼스에서 영어를 공부하던 마법 같은 시간들을 차근차근 떠올릴 수 있었습니다. 한없이 믿고 기다려주신 은혜 잊지 않겠습니다.

힘껏 길을 열어주신 이재성 교수님, 감사합니다. 덕분에 제 버킷리스트 1번을 이룰 수 있었습니다. 밤마다 엄마 책 쓰라고 일찍 곤히 잠들어준 이승준 어린이도 감사합니다. 나중에 이승준 어린이가 영어 공부하기 싫어지는 날이 오면 꼭 엄마 책을 정독하고 마음을 다잡길 바랍니다.

뭘 쓰는지 한 번도 물어보지 않았지만 그렇다고 방해한 적도 없었던 최측근 이재명 님의 무한한 믿음과 무관심도 결과적으로 상당히 유익했습니다. 감사합니다. 사랑하는 엄마 아빠와 김덕화 어머니, 대구와 서울 가족들의 도움과 격려에도 감사드립니다.

능곡고, 백양고, 무원고 제자들에게도 고마움을 표합니다. 여러분의 순수와 열정, 정의와 긍정을 보면서 사실 선생님이 더 많이 배웠음을 고백합니다. 치열한 입시 경쟁과 고된 하루 속에서도 웃음을 잃지 않았던 그대들의 앞날을 영원히 응원하며 살겠습니다. 그리고 학교에서 매일 너무 많은 일을 하면서도 교실에 들어가면 아무 일 없었다는 듯 열심히 학생들을 가르치시는 '진정한 프로' 동료 선생님들께도 존경과 감사의 말씀 전하고 싶습니다.

맥주잔을 기울이며 서로 좋아하는 영시를 읊곤 했던 그 시절의 선배님들과 동기들도 그립습니다. 덕분에 영어영문학이 더 좋아졌습니다. 고맙습니다. 마지막으로, 진정한 'Ladies and Gentlemen' 연세대학교 영어영문학과 교수님들께 꼭 감사하다는 말씀 드리고 싶습니다.

이 책을 쓰면서 참고한 책들

김경숙.『한국에 잘못 알려진 영문법』. 넥서스

김병두.『문학을 따라, 영국의 길을 걷다』. 이담북스

김영철.『영어 조선을 깨우다』. 일리

김용성.『한국시로 다시 쓰는 셰익스피어 소네트』. 북랩

박인문.『세상을 바꾼 인문학 마지막 수업(미국문학 편)』. BOOKK

서수경.『영문학 스캔들』. 인서트

오다시마 유시, 장보은·유가영 역,『내게 셰익스피어가 찾아왔다』. 말글빛냄

이근섭.『제프리 초서』. 건국대학교 출판부

이명섭.『빅토리아조 영시』. 탐구당

이상섭.『Selected English Critical Texts: with excerpts from classical criticism appended』. 신아사

이재호.『17세기 영시』. 탐구당

이창국.『문학 사냥꾼들』. 아모르문디

이철.『낭만주의와 현대 영시의 이해』. 신아사

장영준.『MT 영어영문학』. 청어람장서가

정약용.『조선시대 영어교재 아학편』. 베리북

조신권.『명작의 숲을 거닐며』. June

조신권.『존 밀턴의 문학과 사상』. 동인

Defoe, Daniel.『LRobinson Crusoe』. Michael Shinagel

Fielding, Henry, 김성균. 『Joseph Andrews and Shamela』. Yonsei University Press

Fitzgerald, F. Scott, 김용권. 『The Great Gatsby』. 신아사

Greenblatt, Stephen, Christ, Carol T, David, Alfred. 『The Norton Anthology of English Literature』. W.W.Norton & Company

Kennedy, X. J. 『Literature』. Herper-Collins

Kuiper, Koenraad, Allan, W. Scott. 『An Introduction to English Language』. Palgrave

Ladefoged, Peter. 『A Course in Phonetics』. Harcourt College Publishers

Landor, Arnold Henry Savage. 『Corea or Cho-Sen : the Land of Morning Calm』. Dodo

Potter, Simeon. 『Our Language』. Penguin Books

Richardson, Samuel, 김성균. 『Pamela』. Yonsei University Press

Salinger, Jerome David, 박상용. 『The Catcher in the Rye』. 신아사

Thoreau, Henry David. 『Walden』. Oxford University Press

Twain, Mark. 『The Adventures of Huckleberry Finn』. Penguin Books

Williams, Oscar. 『The New Pocket Anthology of American Verse』. Pocket Books

Yavas, Mehmet. 『Applied English Phonology』. Wiley-Blackwell

푸른들녘 인문·교양 시리즈

인문·교양의 다양한 주제들을 폭넓고 섬세하게 바라보는 〈푸른들녘 인문·교양〉 시리즈. 일상에서 만나는 다양한 주제들을 통해 사람의 이야기를 들여다본다. '앎이 녹아든 삶'을 지향하는 이 시리즈는 주변의 구체적인 사물과 현상에서 출발하여 문화·정치·경제·철학·사회·예술·역사 등 다방면의 영역으로 생각을 확대할 수 있도록 구성되었다. 독특하고 풍미 넘치는 인문·교양의 향연으로 여러분을 초대한다.

2014 한국출판문화산업진흥원 청소년 권장도서 | 2014 대한출판문화협회 청소년 교양도서

001 옷장에서 나온 인문학

이민정 지음 | 240쪽

옷장 속에는 우리가 미처 눈치 채지 못한 인문학과 사회학적 지식이 가득 들어 있다. 옷은 세계 곳곳에서 벌어지는 사건과 사람의 이야기를 담은 이 세상의 축소판이다. 패스트패션, 명품, 부르카, 모피 등등 다양한 옷을 통해 인문학을 만나자.

2014 한국출판문화산업진흥원 청소년 권장도서 | 2015 세종우수도서

002 집에 들어온 인문학

서윤영 지음 | 248쪽

집은 사회의 흐름을 은밀하게 주도하는 보이지 않는 손이다. 단독주택과 아파트, 원룸과 고시원까지, 겉으로 드러나지 않는 집의 속사정을 꼼꼼히 들여다보면 어느덧 우리 옆에 와 있는 인문학의 세계에 성큼 들어서게 될 것이다.

2014 한국출판문화산업진흥원 청소년 권장도서

003 책상을 떠난 철학

이현영 · 장기혁 · 신아연 지음 | 256쪽

철학은 거창한 게 아니다. 책을 통해서만 즐길 수 있는 박제된 사상도 아니다. 언제 어디서나 부딪힐 수 있는 다양한 고민에 질문을 던지고, 이에 대한 답을 스스로 찾아가는 과정이 바로 철학이다. 이 책은 그 여정에 함께할 믿음직한 나침반이다.

2015 세종우수도서

004 우리말 밭다리걸기

나윤정 · 김주동 지음 | 240쪽

우리말을 정확하게 사용하는 사람은 얼마나 될까? 이 책은 일상에서 실수하기 쉬운 잘못들을 꼭 집어내어 바른 쓰임과 연결해주고, 까다로운 어법과 맞춤법을 깨알 같은 재미로 분석해주는 대한민국 사람을 위한 교양 필독서다.

2014 한국출판문화산업진흥원 청소년 권장도서

005 내 친구 톨스토이

박홍규 지음 | 344쪽

톨스토이는 누구보다 삐딱한 반항아였고, 솔직하고 인간적이며 자유로웠던 사람이다. 자유·자연·자치의 삶을 온몸으로 추구했던 거인이다. 시대의 오류와 통념에 정면으로 맞선 반항아 톨스토이의 진짜 삶과 문학을 만나보자.

006 걸리버를 따라서, 스위프트를 찾아서

박홍규 지음 | 348쪽

인간과 문명 비판의 정수를 느끼고 싶다면 《걸리버 여행기》를 벗하라! 그러나 《걸리버 여행기》를 제대로 이해하고 싶다면 이 책을 읽어라! 18세기에 쓰인 《걸리버 여행기》가 21세기 오늘을 살아가는 우리에게 어떻게 적용되는지 따라가보자.

007 까칠한 정치, 우직한 법을 만나다

승지홍 지음 | 440쪽

"법과 정치에 관련된 여러 내용들이 어떤 식으로 연결망을 이루는지, 일상과 어떻게 관계를 맺고 있는지 알려주는 교양서! 정치 기사와 뉴스가 쉽게 이해되고, 법정 드라마 감상이 만만해지는 인문 교양 지식의 종합선물세트!

008/009 청년을 위한 세계사 강의 1, 2

모지현 지음 | 각 권 450쪽 내외

역사는 인류가 지금까지 움직여온 법칙을 보여주고 흘러갈 방향을 예측하게 해주는 지혜의 보고(寶庫)다. 인류 문명의 시원 서아시아에서 시작하여 분쟁 지역 현대 서아시아로 돌아오는 신개념 한 바퀴 세계사를 읽는다.

010 망치를 든 철학자 니체
vs. 불꽃을 품은 철학자 포이어바흐

강대석 지음 | 184쪽

유물론의 아버지 포이어바흐와 실존주의 선구자 니체가 한판 붙는다면? 박제된 세상을 겨냥한 철학자들의 돌직구와 섹시한 그들의 뇌구조 커밍아웃! 무릉도원의 실제 무대인 중국 장가계에서 펼쳐지는 까칠하고 직설적인 철학 공개토론에 참석해보자!

011 맨 처음 성性 인문학

박홍규 · 최재목 · 김경천 지음 | 328쪽

대학에서 인문학을 가르치는 교수와 현장에서 청소년 성 문제를 다루었던 변호사가 한마음으로 집필한 책. 동서양 사상사와 법률 이야기를 바탕으로 누구나 알지만 아무도 몰랐던 성 이야기를 흥미롭게 풀어낸 독보적인 책이다.

012 가거라 용감하게, 아들아!

박홍규 지음 | 384쪽

지식인의 초상 루쉰의 삶과 문학을 깊이 파보는 책. 문학 교과서에 소개된 루쉰, 중국사에 등장하는 루쉰의 모습은 반쪽에 불과하다. 지식인 루쉰의 삶과 작품을 온전히 이해하고 싶다면 이 책을 먼저 읽어라!!

013 태초에 행동이 있었다

박홍규 지음 | 400쪽

인생아 내가 간다, 길을 비켜라! 각자의 운명은 스스로 개척하는 것! 근대 소설의 효시, 머뭇거리는 청춘에게 거울이 되어줄 유쾌한 고전, 흔들리는 사회에 명쾌한 방향을 제시해줄 지혜로운 키잡이 세르반테스의 『돈키호테』를 함께 읽는다!

014 세상과 통하는 철학

이현영 · 장기혁 · 신아연 지음 | 256쪽

요즘 우리나라를 '헬 조선'이라 일컫고 청년들을 'N포 세대'라 부르는데, 어떻게 살아야 되는 걸까? 과학 기술이 발달하면 우리는 정말 더 행복한 삶을 살 수 있을까? 가장 실용적인 학문인 철학에 다가서는 즐거운 여정에 참여해보자.

꿈꾸는 도서관 추천도서
015 명언 철학사

강대석 지음 | 400쪽

21세기를 살아갈 청년들이 반드시 읽어야 할 교양 철학사. 철학 고수가 엄선한 사상가 62명의 명언을 통해 서양 철학사의 흐름과 논점, 쟁점을 한눈에 꿰뚫어본다. 철학 및 인문학 초보자들에게 흥미롭고 유용한 인문학 나침반이 될 것이다.

꿈꾸는 도서관 추천도서
016 청와대는 건물 이름이 아니다

정승원 지음 | 272쪽

재미와 쓸모를 동시에 잡은 기호학 입문서. 언어로 대표되는 기호는 직접적인 의미 외에 비유적이고 간접적인 의미를 내포한다. 따라서 기호가 사용되는 현상의 숨은 뜻과 상징성, 진의를 이해하려면 일상적으로 통용되는 기호의 참뜻을 알아야 한다.

017 내가 사랑한 수학자들

박형주 지음 | 208쪽

20세기에 활약했던 다양한 개성을 지닌 수학자들을 통해 '인간의 얼굴을 한 수학'을 그린 책. 그들이 수학을 기반으로 어떻게 과학기술을 발전시켰는지, 인류사의 흐름을 어떻게 긍정적으로 변화시켰는지 보여주는 교양 필독서다.

018 루소와 볼테르 인류의 진보적 혁명을 논하다

강대석 지음 | 232쪽

볼테르와 루소의 논쟁을 토대로 "무엇이 인류의 행복을 증진할까?", "인간의 불평등은 어디서 기원하는가?", "참된 신앙이란 무엇인가?", "교육의 본질은 무엇인가?", "역사를 연구하는 데 철학이 꼭 필요한가?" 등의 문제에 대한 답을 찾는다.

019 제우스는 죽었다 그리스로마 신화 파격적으로 읽기

박홍규 지음 | 416쪽

그리스 신화에 등장하는 시기와 질투, 폭력과 독재, 파괴와 침략, 지배와 피지배 구조, 이방의 존재들을 괴물로 치부하여 처단하는 행태에 의문을 품고 출발, 종래의 무분별한 수용을 비판하면서 신화에 담긴 3중 차별 구조를 들춰보는 새로운 시도.

020 **존재의 제자리 찾기** 청춘을 위한 현상학 강의

박영규 지음 | 200쪽

현상학은 세상의 존재에 대해 섬세히 들여다보는 학문이다. 어려운 용어로 가득한 것 같지만 실은 어떤 삶의 태도를 갖추고 어떻게 사유해야 할지 알려주는 학문이다. 이 책을 통해 존재에 다가서고 세상을 이해하는 길을 찾아보자.

2018 세종우수도서(교양부문)

021 **코르셋과 고래뼈**

이민정 지음 | 312쪽

한 시대를 특징 짓는 패션 아이템과 그에 얽힌 다양한 이야기를 풀어낸다. 생태와 인간, 사회 시스템의 변화, 신체 특정 부위의 노출, 미의 기준, 여성의 지위에 대한 인식, 인종 혹은 계급의 문제 등을 복식 아이템과 연결하여 흥미롭게 다뤘다.

2018 세종우수도서

022 **불편한 인권**

박홍규 지음 | 456쪽

저자가 성장 과정에서 겪었던 인권탄압 경험을 바탕으로 인류의 인권이 증진되어온 과정을 시대별로 살핀다. 대한민국의 헌법을 세세하게 들여다보며, 우리가 과연 제대로 된 인권을 보장받고 살아가고 있는지 탐구한다.

023 노트의 품격

이재영 지음 | 272쪽

'역사가 기억하는 위대함, 한 인간이 성취하는 비범함'이란
결국 '개인과 사회에 대한 깊은 성찰'에서 비롯된다는 것, 그
리고 그 바탕에는 지속적이며 내밀한 글쓰기 있었음을 보여
주는 책.

024 검은물잠자리는 사랑을 그린다

송국 지음, 장신희 그림 | 280쪽

곤충의 생태를 생태화와 생태시로 소개하고, '곤충의 일생'을
통해 곤충의 생태가 인간의 삶과 어떤 지점에서 비교되는지
탐색한다.

2019 한국출판문화산업진흥원 9월의 추천도서 | 2019 책따세 여름방학 추천도서

025 헌법수업 말랑하고 정의로운 영혼을 위한

신주영 지음 | 324쪽

'대중이 이해하기 쉬운 언어'로 법의 생태를 설명해온 가슴 따
뜻한 20년차 변호사 신주영이 청소년들을 대상으로 헌법을
이야기한다. 우리에게 가장 중요한 권리, 즉 '인간을 인간으로
서 살게 해주는 데, 인간을 인간답게 살게 해주는 데' 반드시
요구되는 인간의 존엄성과 기본권을 명시해놓은 '법 중의 법'
으로서의 헌법을 강조한다.

026 아동인권 존중받고 존중하는 영혼을 위한

김희진 지음 | 240쪽

아동과 관련된 사회적 이슈를 아동 중심의 관점으로 접근하고 아동을 위한 방향성을 모색한다. 소년사법, 청소년 참정권 등 뜨거운 화두가 되고 있는 주제에 대해서도 '아동 최상의 이익'이라는 일관된 원칙에 입각하여 논지를 전개한 책.

027 카뮈와 사르트르 반항과 자유를 역설하다

강대석 지음 | 224쪽

카뮈와 사르트르는 공산주의자들과 협력하기도 했고 맑스주의를 비판하기도 했다. 그러므로 이들의 공통된 이념과 상반된 이념이 무엇이며 이들의 철학과 맑스주의가 어떤 관계에 있는가를 규명하는 것은 현대 철학을 이해하는 데 매우 중요한 열쇠가 될 것이다.

028 스코 박사의 과학으로 읽는 역사유물 탐험기

스코박사(권태균) 지음 | 272쪽

우리 역사 유물 열네 가지에 숨어 있는 과학의 비밀을 풀어낸 융합 교양서. 문화유산을 탄생시킨 과학적 원리에 대해 '왜?'라고 묻고 '어떻게?'를 탐구한 성과를 모은 이 책은 인문학의 창으로 탐구하던 역사를 과학이라는 정밀한 도구로 분석한 신선한 작업이다.

2015 우수출판콘텐츠 지원사업 선정작

029 케미가 기가 막혀

이희나 지음 | 264쪽

실험 결과를 알기 쉽게 풀어 설명하고 왜 그런 현상이 일어나
는지, 실생활에서 어떻게 활용할 수 있는지, 친밀한 예를 곁들
여 화학 원리의 이해를 돕는다. 학생뿐 아니라 평소 과학에 관
심이 많았던 독자들의 교양서로도 충분히 활용할 수 있다.

2021년 세종우수도서

030 조기의 한국사

정명섭 지음 | 308쪽

크기도 맛도 평범했던 조기가 위로는 왕의 사랑을, 아래로는
백성의 애정을 듬뿍 받았던 이유를 밝히고, 바다 위에 장이
설 정도로 수확이 왕성했던 그때 그 시절의 이야기를 중심으
로 조기에 얽힌 생태, 역사, 문화를 둘러본다.

꿈꾸는 도서관 추천도서

031 스파이더맨 내게 화학을 알려줘

닥터 스코 지음 | 256쪽

현실 거미줄의 특성과 영화 속 스파이더맨 거미줄의 특성 비
교, 현실 거미줄의 특장을 찾아내어 기능을 업그레이드한 특
수 섬유 소개, 거미줄이 이슬방울에 녹지 않는 이유, 거미가
다리털을 문질러서 전기를 발생하여 먹이를 잡는 이야기 등
가능한 한 많은 의문을 던지고 그 해답을 찾아간다.

032 엑스맨 주식회사 (절판, 개정증보판이 새로 출간되었습니다)

과학자 닥터스코, 수의사 김덕근 지음 | 360쪽

엑스맨 시리즈의 히어로의 초능력에 얽힌 과학적인 사실들을 파헤친다. 전자기를 지배하는 매그니토, 타인의 생각을 읽어 내는 프로페서엑스(X), 뛰어난 피부 재생 능력을 자랑하는 울 버린, 은신과 변신으로 상대방을 혼란스럽게 만드는 미스틱 등의 히어로의 능력을 살피다 보면 "에이 설마!" 했던 놀라운 무기들이 과학 이론으로 설명 가능하다는 사실에 감탄하게 될 것이다.

033 슬기로운 게임생활

조형근 지음 | 288쪽

게임에 푹 빠진 청소년, 게임 때문에 자녀와의 관계가 나빠진 부모, 지난 밤 게임의 흔적으로 엎드려 자는 학생을 보며 한숨 짓는 교사, 이 모두를 위한 디지털 시대의 게임×공부 지침서. 프로게이머로 활약했던 조형근 선수가 본인의 경험담을 바탕으로 10대 청소년들에게 게임과 학교공부를 동시에 정복할 수 있는 노하우를 들려준다.

꿈꾸는 도서관 추천도서
034 슬기로운 뉴스 읽기

강병철 지음 | 304쪽

하나의 기사가 어떤 경로를 거쳐 가짜뉴스로 둔갑하는지, 그것을 만들고 퍼뜨리는 사람은 누구인지, 선량한 일반 시민들은 그것들을 어떻게 읽고 이해하며 판독해야 하는지 꼼꼼하게 짚어준다. 독자들은 이 책을 통해 범람하는 기사들 속에서 진짜와 가짜를 구별해낼 수 있는 지혜와 정보, 기사를 읽을 때 중시해야 할 점, 한눈에 가짜임을 알 수 있는 팁 등을 얻을 수 있다.

035　내 친구 존 스튜어트 밀

박홍규 지음 | 264쪽

저자 박홍규 교수는 존 스튜어트 밀의 〈자서전〉을 번역해서
국내에 소개한 장본인이다. 이 책은 EBS 강연 내용을 엮은 것
으로 한국인에게 잘 알려진 철학자 존 스튜어트 밀의 자서전
을 모두 10개의 장으로 나누어 그의 사상과 삶을 안내한다.
특히 그가 자신의 고유한 사상을 세워간 근본 철학은 무엇인
지, 젊은 시절 어떠한 고뇌를 통해 성장했는지, 어떤 사람들과
지적으로 교류했는지 등을 소개하는 데 초점을 맞췄다.

036　엑스맨, 내게 물리의 비밀을 알려줘

과학자 닥터 스코 지음 | 236쪽

'엑스맨 주식회사'의 개정증보판. 히어로 다섯 명의 초능력에
얽힌 비밀, 그들의 능력에서 유추해볼 수 있는 과학적인 사
실들을 물리학 편으로 모은 것이다. 현재 중고등학교 과학교
과 과정에서 어떤 부분과 연결되는지를 밝힌 '교과연계' 페이
지를 덧붙여 학교공부에 직접적인 도움이 되도록 새롭게 구성
했다.

037　슬기로운 언어생활

김보미 지음 | 280쪽

푸른들녘의 '슬기로운 교양 시리즈' 세 번째 타이틀. 〈슬기로운
게임생활〉, 〈슬기로운 뉴스 읽기〉에 이어 청소년들의 언어생활
을 꼼꼼하고 상냥하게 짚어본 책이다. 언어가 시간의 흐름에
따라 변하는 이유, 언어의 규칙을 지키지 않을 때 발생하는 일
들, 모국어를 제대로 구사하려면 어떻게 노력해야 하는지, 우
리가 사용하는 말과 문자가 정말 서로 잘 통하는 '언어'로 쓰
이고 있는지 등을 흥미롭고 실용적인 사례와 함께 보여준다.